儒林列傳第六十一　史記百二十一

正義曰姚承云儒謂博士爲儒雅之林綜理古文宣明舊藝咸勸儒者以成王化者也

太史公曰余讀功令索隱曰案謂學者課功著之於令即今之學令是也至於廣厲學官之路未嘗不廢書而歎也曰嗟乎夫周室衰而關雎作幽厲微而禮樂壞諸侯恣行政由彊國故孔子閔王路廢而邪道興於是論次詩書修起禮樂適齊聞韶三月不知肉味自衛返魯然後樂正雅頌各得其所正義曰鄭玄云魯哀公十一年是時道衰樂廢孔子還修正之故雅頌各得其所也世以混濁莫能用是以仲尼干七十餘君無所遇索隱曰後之記者失辭也案家語等說則孔子歷聘國莫

能用謂周鄭齊宋曹衛陳楚杞莒臣等爾縱歷小國亦無七十餘君也曰苟有用我者期月而已矣西狩獲麟曰吾道窮矣故因史記作春秋以當王法其辭微而指博後世學者多錄焉徐廣曰錄一作繆自孔子卒後七十子之徒散游諸侯大者爲師傅卿相索隱曰案子夏爲魏文侯師子貢爲齊魯聘吳越蓋亦卿也而宰予亦仕齊爲卿餘則未聞小者友教士大夫或隱而不見故子路居衛案仲尼弟子列傳子路死於衛時孔子尚存也子張居陳正義曰今陳州澹臺子羽居楚正義曰今蘇州城南五里有澹臺湖湖北有澹臺子夏居西河正義曰今汾州子貢終於齊正義曰今清州如田子方段干木吳起禽滑釐之屬皆受業於子夏之倫爲王者師

是時獨魏文侯好學後陵遲以至于始皇天下並爭於戰國儒術既絀焉然齊魯之閒學者獨不廢也於威宣之際孟子荀卿之列咸遵夫子之業而潤色之以學顯於當世及至秦之季世焚詩書坑術士正義曰顏云今新豐縣溫湯之處號愍儒鄉溫湯西南三里有馬谷之西岸有坑古相傳以秦坑儒處也衛宏詔定古文尚書序云秦既焚書恐天下不從所改更法而諸生到者拜為郎前後七百人乃密種瓜於驪山陵谷中溫處瓜實成詔博士諸生說之人言不同乃令就視為伏機諸生賢儒皆至焉方相難不決因發機從上填之以土皆壓終乃無聲也六蓺從此缺焉陳涉之王也而魯諸儒持孔氏之禮器往歸陳王於是孔甲為陳涉博士徐廣曰孔子八世孫名鮒字甲也卒與涉俱死陳

涉起匹夫驅瓦合適戍索隱曰適音丁革反旬月以王楚不滿半歲竟滅亡其事至微淺然而縉紳先生之徒負孔子禮器往委質為臣者何也以秦焚其業積怨而發憤于陳王也及高皇帝誅項籍舉兵圍魯魯中諸儒尚講誦習禮樂絃歌之音不絕豈非聖人之遺化好禮樂之國哉故孔子在陳曰歸與歸與吾黨之小子狂簡斐然成章不知所以裁之夫齊魯之閒於文學自古以來其天性也故漢興然後諸儒始得脩其經蓺講習大射鄉飲之禮叔孫通作漢禮儀因為太常

諸生弟子共定者咸爲選首於是喟然歎興於學然尚有干戈平定四海正義曰顏云陳豨盧綰韓信黥布之徒相次反叛征討也亦未暇遑庠序之事也孝惠呂后時公卿皆武力有功之臣孝文時頗徵用正義曰言孝文稍用文學之士居位然孝文帝本好刑名之言及至孝景不任儒者而竇太后又好黃老之術故諸博士具官待問未有進者及今上即位趙綰王臧之屬明儒學而上亦鄉之於是招方正賢良文學之士自是之後言詩於魯則申培公徐廣曰一作陪韋昭曰培申公名音扶尤反。索隱曰鄒氏音普來反於齊則轅固生正義曰申轅姓培固名公生其號也於燕

則韓太傅索隱曰韓嬰也爲常山王太傅言尚書自濟南伏生索隱曰按張華云名勝紀年云字子賤言禮自魯高堂生索隱曰謝承云秦氏季代有魯人高堂伯則伯是其字云生者自漢已來儒者皆號生亦先生者省字呼之耳言易自菑川田生言春秋於齊魯自胡毋生索隱曰毋音無胡毋姓也字子都於趙自董仲舒及竇太后崩武安侯田蚡爲丞相絀黃老刑名百家之言延文學儒者數百人而公孫弘以春秋白衣爲天子三公徐廣曰一云自齊爲天子三公封以平津侯天下之學士靡然鄉風矣公孫弘爲學官悼道之鬱滯乃請曰丞相御史言正義曰自此已下皆弘奏請之辭制曰蓋聞導民以禮風之以樂婚姻

者居室之大倫也今禮廢樂崩朕甚愍焉故詳延天下方正博聞之士咸登諸朝其令禮官勸學講議洽聞興禮以為天下先太常議與博士弟子崇鄉里之化以廣賢材焉謹與太常臧（漢書百官表孔臧也）博士平等議曰聞三代之道鄉里有教夏曰校（正義曰校教也可教道藝也）殷曰序（正義曰序舒也言舒禮教）周曰庠（正義曰庠詳也言詳審經典）其勸善也顯之朝廷其懲惡也加之刑罰故教化之行也建首善自京師始由內及外今陛下昭至德開大明配天地本人倫勸學修禮崇化厲賢以風四方太平之原也古者政教未洽不備其禮請因舊官而興焉為博士官置弟子五十人復其身太常擇民年十八已上儀狀端正者補博士弟子郡國縣道邑有好文學敬長上肅政教順鄉里出入不悖所聞者令相長丞上屬所二千石（索隱曰上音時兩反屬音燭屬委也所二千石謂於所部之郡守相也）二千石謹察可者當與計偕（索隱曰計計吏也偕俱也謂令與計吏俱詣太常也）詣太常得受業如弟子一歲皆輒試能通一藝以上補文學掌故缺其高第可以為郎中者太常籍奏即有秀才異等輒以名聞其不事學若下材及不能通一藝輒罷之而請諸不

稱者罰臣謹案詔書律令下者明天人分際通古今之義文章爾雅訓辭深厚索隱曰謂詔書文章雅正訓辭深厚也恩施甚美小吏淺聞不能究宣無以明布諭下治禮次治掌故徐廣曰一云次治禮學掌故以文學禮義爲官遷留滯請選擇其秩比二百石以上及吏百石通一蓺以上補左右內史正義曰補左右內史後改爲左馮翊右扶風大行卒史比百石已下補郡太守卒史皆各二人邊郡一人先用誦多者若不足乃擇掌故補中二千石屬文學掌故補郡屬索隱曰如淳云漢儀弟子射策甲科百人補郎中乙科二百人補太子舍人皆秩比二百石次郡國文學秩百石也備員請著功令佗如律令制曰可自此以來則公卿大夫士吏斌斌多文學之士矣

申公者魯人也高祖過魯申公以弟子從師入見高祖于魯南宮索隱曰案漢書云申公少與楚元王俱事齊人浮丘伯受詩○正義曰括地志云泮宮在兖州曲阜縣西南二百里魯城內宮之內鄭云泮之言半也其制半於天子之璧廱呂太后時申公游學長安與劉郢同師索隱曰案漢書云呂太后時浮丘伯在長安申公與元王子郢俱卒學也郢即郢客已而郢爲楚王令申公傅其太子戊徐廣曰楚元王劉交以文帝元年薨子夷王郢立四歲薨子戊立郢以呂后二年封上邳侯文帝元年立爲楚王戊不好學疾申公及王郢卒戊立爲楚王胥靡申公徐廣曰腐刑申公恥之歸魯退居家

教終身不出門復謝絕賓客獨王命召之乃往徐廣曰魯恭王也弟子自遠方至受業者百餘人申公獨以詩經爲訓以教無傳疑疑者則闕不傳索隱曰謂申公不作詩傳但教授有疑則闕耳蘭陵王臧既受詩以事孝景帝爲太子少傅免去今上初即位臧廼上書宿衞上累遷一歲中爲郎中令及代趙綰亦嘗受詩申公綰爲御史大夫綰臧請天子欲立明堂以朝諸侯不能就其事乃言師申公於是天子使使束帛加璧安車駟馬迎申公弟子二人乘軺傳從徐廣曰馬車至見天子天子問治亂之事申公時已

八十餘老對曰爲治者不至多言顧力行何如耳是時天子方好文詞見申公對默然然已招致則以爲太中大夫舍魯邸議明堂事太皇竇太后好老子言不說儒術得趙綰王臧之過以讓上上因廢明堂事盡下趙綰王臧吏後皆自殺申公亦疾免以歸數年卒弟子爲博士者十餘人孔安國至臨淮太守徐廣曰孔鮒之弟子襄爲惠帝博士遷爲長沙太傅生忠忠生武及安國安國爲博士臨淮太守周霸至膠西內史夏寬至城陽內史碭魯賜至東海太守蘭陵繆生至長沙內史索隱曰繆音亡救反繆氏出蘭陵一音穆所謂穆生爲楚元王所禮也徐偃爲膠

西中尉鄒人闕門慶忌【漢書音義曰姓闕門名慶忌】爲膠東內史其治官民皆有廉節稱其好學學官弟子行雖不備而至於大夫郎中掌故以百數言詩雖殊多本於申公

清河王太傅轅固生者齊人也以治詩孝景時爲博士與黃生爭論景帝前黃生曰湯武非受命乃弒也轅固生曰不然夫桀紂虐亂天下之心皆歸湯武湯武與天下之心而誅桀紂桀紂之民不爲之使而歸湯武湯武不得已而立非受命爲何黃生曰冠雖敝必加於首履雖新必關於足何者上下之分也今桀紂雖失道然君上也湯武雖聖臣下也夫主有失行臣下不能正言匡過以尊天子反因過而誅之代立踐南面非弒而何也轅固生曰必若所云是高帝代秦即天子之位非邪於是景帝曰食肉不食馬肝【正義曰論衡云氣熱而毒盛故食馬肝殺人又盛夏馬行多渴死殺氣爲毒也】不爲不知味言學者無言湯武受命不爲愚遂罷是後學者莫敢明受命放殺者竇太后好老子書召轅固生問老子書固曰此是家人言耳【索隱曰服虔云如家人言也案老子道德篇雖微妙難通然近而觀之理國理身而已故言此家人之言也】太后怒曰安得

司空城旦書乎（徐廣曰司空主刑徒之官也　駰案漢書音義曰道家以儒法爲急比之於律令）乃使固入圈刺豕景帝知太后怒而固直言無罪乃假固利兵下圈刺豕正中其心一刺豕應手而倒太后默然無以復罪罷之居頃之景帝以固爲廉直拜爲清河王太傅（徐廣曰哀王乘也）久之病免今上初即位復以賢良徵固諸諛儒多疾毀固曰固老罷歸之時固已九十餘矣固之徵也薛人公孫弘亦徵（徐廣曰薛縣在菑川）側目而視固固曰公孫子務正學以言無曲學以阿世自是之後齊言詩皆本轅固生也諸齊人以詩顯貴皆固

之弟子也

韓生者（漢書曰名嬰）燕人也孝文帝時爲博士景帝時爲常山王太傅（徐廣曰憲王舜也）韓生推詩之意而爲內外傳數萬言其語頗與齊魯閒殊然其歸一也淮南賁生受之（索隱曰賁音肥）自是之後而燕趙閒言詩者由韓生韓生孫商爲今上博士

伏生者（張晏曰伏生名勝伏氏碑云）濟南人也故爲秦博士孝文帝時欲求能治尚書者天下無有乃聞伏生能治欲召之是時伏生年九十餘老不能行於是乃詔太常使掌故朝錯往受之秦時焚書伏

司空城旦書乎（徐廣曰司空主刑徒之官也駰案漢書音義曰道家以儒法為急比之於律令）乃使固入圈刺豕景帝知太后怒而固直言無罪乃假固利兵下圈刺豕正中其心一刺豕應手而倒太后默然無以復罪罷之居頃之景帝以固為廉直拜為清河王太傅（徐廣曰哀王乘也）久之病免今上初即位復以賢良徵固諸諛儒多疾毀固曰固老罷歸之時固已九十餘矣固之徵也薛人公孫弘亦徵（徐廣曰薛縣在菑川）側目而視固固曰公孫子務正學以言無曲學以阿世自是之後齊言詩皆本轅固生也諸齊人以詩顯貴皆固之弟子也

韓生者（漢書曰名嬰）燕人也孝文帝時為博士景帝時為常山王太傅（徐廣曰憲王舜也）韓生推詩之意而為內外傳數萬言其語頗與齊魯閒殊然其歸一也淮南賁生受之（索隱曰賁音肥）自是之後而燕趙閒言詩者由韓生韓生孫商為今上博士

伏生者（張晏曰伏生名勝伏氏碑云）濟南人也故為秦博士孝文帝時欲求能治尚書者天下無有乃聞伏生能治欲召之是時伏生年九十餘老不能行於是乃詔太常使掌故朝錯往受之秦時焚書伏

生壁藏之其後兵大起流亡漢定伏生求其書亡數十篇獨得二十九篇即以教于齊魯之閒學者由是頗能言尚書諸山東大師無不涉尚書以教矣伏生教濟南張生及歐陽生（漢書曰字和伯千乘人）歐陽生教千乘兒寬兒寬既通尚書以文學應郡舉詣博士受業受業孔安國兒寬貧無資用常爲弟子都養（索隱曰謂兒寬家貧爲弟子造食也何休注公羊炊亨爲養案有廝養卒廝掌馬養造食也）及時時閒行傭賃以給衣食行常帶經止息則誦習之以試第次補廷尉史是時張湯方鄉學以爲奏讞掾以古法議決疑大獄而愛幸寬寬爲人溫良有廉智自持而善著書書奏敏於文口不能發明也湯以爲長者數稱譽之及湯爲御史大夫以兒寬爲掾薦之天子天子見問說之張湯死後六年兒寬位至御史大夫（徐廣曰元狩元年）九年而以官卒寬在三公位以和良承意從容得久然無有所匡諫於官官屬易之不爲盡力張生亦爲博士而伏生孫以治尚書徵不能明也自此之後魯周霸孔安國雒陽賈嘉頗能言尚書事孔氏有古文尚書而安國以今文讀之因以起其家逸書得十餘篇蓋尚書

滋多於是矣索隱曰案孔臧與安國書云舊書潛於壁室欻爾復出古訓復申臧聞尚書二十八篇取象二十八宿河圖乃有百篇耶知以今文推科斗以定五十餘篇並爲之傳也藝文志曰安國悉得其書以考二十九篇得多十六篇起者謂起發以出也

諸學者多言禮而魯高堂生最本禮固自孔子時而其經不具及至秦焚書書散亡益多於今獨有士禮高堂生能言之而魯徐生善爲容索隱曰漢書作頌亦音容也孝文帝時徐生以容爲禮官大夫傳子至孫徐延徐襄襄其天姿善爲容不能通禮經延頗能未善也襄以容爲漢禮官大夫至廣陵内史延及徐氏弟子公戶滿意索隱曰公戶姓滿意名也案鄧展云二人姓字非也桓生單次索隱曰單音善單姓次名也皆嘗爲漢禮官大夫而瑕丘蕭奮徐廣曰屬山陽也以禮爲淮陽太守是後能言禮爲容者由徐氏焉

自魯商瞿受易孔子索隱曰案商姓瞿名字子木瞿音劬孔子卒商瞿傳易六世至齊人田何字子莊索隱曰案漢書云商瞿授魯橋庇子庸子庸授江東馯臂子弓子弓授燕周醜子家子家授東武孫虞子乘子乘授何六代也仲尼弟子傳作瞿傳馯臂子弘弘傳江東人矯子庸疵疵傳燕人周子家豎豎傳淳于人光子乘羽羽傳齊人田子莊何與漢書不同馯音寒庇音必利反疵音自移反而漢興田何傳東武人王同子仲子仲傳菑川人楊何索隱曰案田何傳東武王同傳菑川楊何何以易元光元年徵官至中大夫齊人即墨成以易至城陽相廣川人孟但以易爲太子門大

夫魯人周霸莒人衡胡（徐廣曰莒一作呂）臨菑人主父偃皆以易至二千石然要言易者本於楊何之家

董仲舒廣川人也以治春秋孝景時爲博士下帷講誦弟子傳以久次相受業或莫見其面蓋三年董仲舒不觀於舍園其精如此進退容止非禮不行學士皆師尊之今上即位爲江都相（索隱曰案仲舒事易王王武帝兄）以春秋灾異之變推陰陽所以錯行故求雨閉諸陽縱諸陰其止雨反是行之一國未嘗不得所欲中廢爲中大夫居舍著灾異之記是時遼東高廟灾主父偃疾之取其書奏之天子（徐廣曰建元六年○索隱曰案漢書以爲遼東高廟及長陵園殿灾也仲舒爲灾異記草而未奏主父偃竊而奏之）天子召諸生示其書有刺譏董仲舒弟子呂步舒（徐廣曰一作荼亦音舒）不知其師書以爲下愚於是下董仲舒吏當死詔赦之於是董仲舒竟不敢復言灾異董仲舒爲人廉直是時方外攘四夷公孫弘治春秋不如董仲舒而弘希世用事位至公卿董仲舒以弘爲從諛弘疾之乃言上曰獨董仲舒可使相膠西王膠西王素聞董仲舒有行亦善待之董仲舒恐久獲罪疾免居

家至卒終不治產業以脩學著書爲事故漢興至于五世之閒唯董仲舒名爲明於春秋其傳公羊氏也

胡毋生漢書曰字子都齊人也孝景時爲博士以老歸教授齊之言春秋者多受胡毋生公孫弘亦頗受焉

瑕丘江生爲穀梁春秋自公孫弘得用嘗集比其義卒用董仲舒仲舒弟子遂者蘭陵褚大廣川殷忠徐廣曰殷一作段又作瑕也溫呂步舒褚大至梁相步舒至長史持節使決淮南獄於諸侯擅專斷不報以春秋之義正之天子皆以爲是弟子通者至於命大夫爲郎謁者掌故者以百數而董仲舒子及孫皆以學至大官

索隱述贊曰孔氏之衰經書緒亂言諸六學始自炎漢著令立官四方扼腕曲臺壞壁書禮之冠傳易言詩雲蒸霧散興化致理鴻猷克贊

儒林列傳第六十一 史記百二十一

酷吏列傳第六十二　史記一百二十二

孔子曰導之以政齊之以刑民免而無恥孔安國曰免苟
免也導之以德齊之以禮有恥且格何晏曰格正也老氏
稱上德不德是以有德下德不失德是以無德
法令滋章盜賊多有太史公曰信哉是言也法
令者治之具而非制治清濁之源也昔天下之
網嘗密矣索隱曰案鹽鐵論云秦法密於凝脂然姦僞萌起其極也
上下相遁至於不振當是之時吏治若救火揚
沸索隱曰言本弊不除則其末難止也非武健嚴酷惡能勝其任而
愉快乎言道德者溺其職矣故曰聽訟吾猶人

也必也使無訟乎下士聞道大笑之非虛言也
漢興破觚而爲圜漢書音義曰觚方。索隱曰應劭云觚八稜有隅者高祖反秦之政
破觚爲圜謂除其嚴酷法約三章耳斲雕而爲朴索隱曰應劭云削琱爲璞也晉灼云凋弊也斲
理凋弊之俗使反質樸也網漏於吞舟之魚而吏治烝烝不至
於姦黎民艾安由是觀之在彼不在此韋昭曰在道德不在
嚴酷高后時酷吏獨有侯封刻轢宗室侵辱功臣
呂氏已敗遂禽侯封之家孝景時鼂錯以刻深
頗用術輔其資而七國之亂發怒於錯錯卒以
被戮其後有郅都甯成之屬
郅都者楊人也徐廣曰屬河東。索隱曰郅音質漢書云河東大楊人。正義曰括地志云故

郅都

郅都

楊城本秦時楊國漢楊縣城也今晉州洪洞縣也至隋爲楊唐初改爲洪縣北故洪洞鎮爲名也秦及漢皆屬河東郡郅都墓在洪洞縣東南二十里漢書云郅都何東大陽人班固失之甚也大陽今陝州河北縣是亦屬河東郡也

以郎事孝文帝孝景時都爲中郎將敢直諫面折大臣於朝嘗從入上林賈姬如廁（索隱曰案姬生趙王彭祖也）野彘卒入廁上目都都不行上欲自持兵救賈姬都伏上前曰亡一姬復一姬進天下所少寧賈姬等乎陛下縱自輕柰宗廟太后何上還彘亦去太后聞之賜都金百斤由此重郅都濟南瞯氏（漢書音義曰音小兒癇病也。索隱曰荀悅音閑鄒氏劉氏音並同）宗人三百餘家豪猾二千石莫能制於是景帝乃拜都

爲濟南大守至則族滅瞯氏首惡餘皆股栗（徐廣曰髀腳戰搖也）居歲餘郡中不拾遺旁十餘郡守畏都如大府都爲人勇有氣力公廉不發私書問遺無所受請寄無所聽常自稱曰已倍親而仕身固當奉職死節官下終不顧妻子矣郅都遷爲中尉丞相條侯至貴倨也而都揖丞相是時民朴畏罪自重而都獨先嚴酷致行法不避貴戚列侯宗室見都側目而視號曰蒼鷹臨江王徵詣中尉府對簿臨江王欲得刀筆爲書謝上而都禁吏不予魏其侯使人以閒與臨江王臨江王

既爲書謝上，因自殺。竇太后聞之，怒，以危法中都，索隱曰：案中如字，讀謂以法中傷之。都免歸家。孝景帝乃使使持節拜都爲鴈門太守，而便道之官，得以便宜從事。匈奴素聞郅都節，居邊，爲引兵去，竟郅都死不近鴈門。匈奴至爲偶人象郅都，索隱曰：漢書作寓人象。案寓即偶也，謂刻木偶類人形也。一云寄人形於木也。令騎馳射莫能中，見憚如此。匈奴患之。竇太后乃竟中都以漢法。景帝曰：都忠臣。欲釋之。竇太后曰：臨江王獨非忠臣邪？於是遂斬郅都。

寧成者，徐廣曰：寧一作甯。穰人也。徐廣曰：屬南陽。以郎謁者事景帝。好氣，爲人小吏，必陵其長吏；爲人上，操下如束溼薪。徐廣曰：一無此字。騶案：韋昭曰言急也。索隱曰：操音七刀反。操，執也。滑賊任威。稍遷至濟南都尉，正義曰：百官表云都尉，秦官，掌佐守典武職甲卒，秩比二千石。有丞，秩皆六百石。景帝中二年更名都尉，若周之司馬。而郅都爲守。始前數都尉索隱曰：數音所注反。皆步入府，因吏謁守如縣令，其畏郅都如此。及成往，直陵都出其上。都素聞其聲，於是善遇，與結驩。久之，郅都死，後長安左右宗室多暴犯法，於是上召寧成爲中尉。正義曰：百官表云中尉，秦官，掌徼循京師。武帝太初元年更名執金吾。顏云：金吾，鳥名也，主辟不祥。天子出行，職主先道，以禦非常，故執此鳥之象，因以名官。其治效郅都，其廉弗如，然宗室豪桀皆人

人惴恐武帝即位徙爲内史外戚多毀成之短抵罪髡鉗是時九卿罪死即死少被刑而成極刑自以爲不復收於是解脱詐刻傳出關（索隱曰解音紀買反脱音他活反謂脱鉗釱也）歸家稱曰仕不至二千石賈不至千萬安可比人乎乃貰貸買陂田千餘頃（索隱曰貰音食夜反貰賒也又音勢貸音天得反）假貧民役使數千家數年會赦致產數千金爲任俠持吏長短出從數十騎其使民威重於郡守

周陽由者其父趙兼以淮南王舅父侯周陽故因姓周陽氏（徐廣曰侯五年孝文六年國除。正義曰周陽故城在絳州聞喜縣東二十九里）由以宗家任爲郎（索隱曰案與國家有外戚姻屬比於宗室故曰宗家也）事孝文及景帝景帝時由爲郡守武帝即位吏治尚循謹甚然由居二千石中最爲暴酷驕恣所愛者撓法活之所憎者曲法誅滅之所居郡必夷其豪爲守視都尉如令爲都尉必陵太守奪之治與汲黯俱爲忮（漢書音義曰堅忮也）司馬安之文惡（漢書音義曰以文法傷害人）俱在二千石列同車未嘗敢均茵伏（徐廣曰漢書作馮伏者軾。索隱曰案均等也茵車蓐也言二人與由同載一車上不敢與之均茵軾也謂下之也馮音凭几）由後爲河東都尉時與其守勝屠公爭權相告言罪（索隱曰風俗通云勝屠即申屠也）勝屠公當抵罪義不受

刑自殺而由棄市自寧成周陽由之後事益多民巧法大抵吏之治類多成由等矣

趙禹者斄人〔徐廣曰屬扶風音台。正義曰音胎故斄城在雍武功縣西南二十二里古部國后稷所封漢斄縣也〕以佐史補中都官〔正義曰若京都府史〕用廉爲令史事太尉亞夫亞夫爲丞相禹爲丞相史府中皆稱其廉平然亞夫弗任曰極知禹無害然文深〔漢書音義曰禹持文法深刻〕不可以居大府今上時禹以刀筆吏積勞稍遷爲御史上以爲能至太中大夫與張湯論定諸律令〔徐廣曰論一作編〕作見知吏傳得相監司用法益刻蓋自此始

張湯者杜人也〔徐廣曰爾時未爲陵〕其父爲長安丞出湯爲兒守舍還而鼠盜肉其父怒笞湯湯掘窟得盜鼠及餘肉劾鼠掠治傳爰書訊鞫論報〔蘇林曰謂傳囚也爰易也以此書易其辭處鞫窮也張晏曰傳考證驗也爰書自證不如此言反受其罪訊考三日復問之知與前辭同不也鞫一吏爲讀狀論其報行也。索隱曰韋昭云爰換也古者重刑嫌有愛惡故移換獄書使他官考實之故曰傳爰書也〕并取鼠與肉具獄磔堂下〔鄧展曰罪備具〕其父見之視其文辭如老獄吏大驚遂使書獄〔如淳曰決獄之書謂律令也〕父死後湯爲長安吏久之周陽侯始爲諸卿時〔徐廣曰田勝也武帝母王太后之同母弟也武帝始立而封爲周陽侯〕嘗繫長安湯傾身爲之〔韋昭曰爲之先後〕及出爲侯大與湯交徧見湯

[illegible]

貴人湯給事内史爲寧成掾以湯爲無害言大府調爲茂陵尉治方中漢書音義曰方中陵上土作方也湯主治之蘇林曰天子即位豫作陵諱之故言方中如淳曰大府幕府也茂陵尉主作陵之尉也韋昭曰大府公府武安侯爲丞相徵湯爲史時薦言之天子補御史使案事治陳皇后蠱獄深竟黨與於是上以爲能稍遷至太中大夫與趙禹共定諸律令務在深文拘守職之吏蘇林曰拘刻於守職之吏已而趙禹遷爲中尉徙爲少府而張湯爲廷尉兩人交驩而兄事禹禹爲人廉倨爲吏以來舍毋食客公卿相造請禹禹終不報謝務在絶知友賓客之請孤立行一意而已見文法輒取亦不覆案求官屬陰罪湯爲人多詐舞智以御人韋昭曰制御人始爲小吏乾没徐廣曰隨勢沈浮也駰案服虔曰射成敗也如淳曰得利爲乾失利爲没。正義曰此二說非也按乾没謂無潤及之而取他人也又云陽浮慕爲乾心内不合爲没也與長安富賈田甲魚翁叔之屬交私徐廣曰姓魚也及列九卿收接天下名士大夫已心内雖不合然陽浮慕之是時上方鄉文學湯決大獄欲傅古義索隱曰傅音附乃請博士弟子治尚書春秋補廷尉史亭疑法李奇曰亭平也。索隱曰使之平疑事也奏讞疑事必豫先爲上分別其原上所是受而著讞決法廷尉挈令韋昭曰在板挈。正義曰按謂律令也古以板書之言上

張湯

（所是著之爲正獄以廷尉法令決平之揚主之明監也）揚主之明奏事即譴湯應謝（徐廣曰應一作權）鄉上意所便必引正監掾史賢者（正義曰百官表云廷尉秦官有正左右監皆秩千石也按上即責湯應對謝之如上意必引正監等賢者本爲臣建議如上意臣不用愚昧不從至此也）曰固爲臣議如上責臣臣弗用愚抵於此（蘇林曰主坐不用諸掾語故至於此）罪常釋聞（徐廣曰詔荅聞也如今制曰聞矣駰案瓚曰謂常見原）即奏事上善之曰臣非知爲此奏乃正監掾史某爲之其欲薦吏揚人之善蔽人之過如此所治即上意所欲罪予監史深禍者即上意所欲釋與監史輕平者所治即豪必舞文巧詆即下戶羸弱時口言雖文致法上財察（李奇曰先見上口言之欲與輕平也）於是往往釋湯所言（李奇曰湯口所先言皆見原釋）湯至於大吏內行脩也通賓客飲食於故人子弟爲吏及貧昆弟調護之尤厚其造請諸公不避寒暑是以湯雖文深意忌不專平然得此聲譽而刻深吏多爲爪牙用者依於文學之士丞相弘數稱其美及治淮南衡山江都反獄皆窮根本嚴助及伍被上欲釋之湯爭曰伍被本畫反謀而助親幸出入禁闥爪牙臣乃交私諸侯如此弗誅後不可治於是上可論之其治獄所排大臣自爲功多此類於是湯益尊任遷爲御

史大夫（徐廣曰元狩二年）會渾邪等降漢大興兵伐匈
奴山東水旱貧民流徙皆仰給縣官縣官空虛
於是丞上指請造白金及五銖錢籠天下鹽鐵
排富商大賈出告緡令（正義曰緡音岷錢貫也武帝伐四夷國用不足故稅民田宅船乘畜産奴婢等皆平作錢數每千錢一筭出一等賈人倍之若隱不稅有告之半與告人餘半入官謂緡出此令用鋤築豪強兼并富商大賈之家也一筭百二十文也）鉏豪彊并兼之家舞文
巧詆以輔法湯每朝奏事語國家用日旰天子
忘食丞相取充位（徐廣曰時李蔡莊青翟爲丞相）天下事皆決於
湯百姓不安其生騷動縣官所興未獲其利姦
吏並侵漁於是痛繩以罪則自公卿以下至于

庶人咸指湯湯嘗病天子至自視病其隆貴如
此匈奴來請和親羣臣議上前博士狄山曰和
親便上問其便山曰兵者凶器未易數動高帝
欲伐匈奴大困平城乃遂結和親孝惠高后時
天下安樂及孝文帝欲事匈奴北邊蕭然苦兵
矣孝景時吳楚七國反景帝往來兩宮閒寒心
者數月吳楚已破竟景帝不言兵天下富實今
自陛下舉兵擊匈奴中國以空虛邊民大困貧
由此觀之不如和親上問湯湯曰此愚儒無知
狄山曰臣固愚忠若御史大夫湯乃詐忠若湯

之治淮南江都以深文痛詆諸侯別疏骨肉使蕃臣不自安臣固知湯之爲詐忠於是上作色曰吾使生居一郡能無使虜入盜乎曰不能曰居一縣對曰不能復曰居一障閒正義曰障謂塞上要險之處別築城置吏士守之以扞寇盜也山自度辯窮且下吏曰能於是上遣山乘鄣至月餘匈奴斬山頭而去自是以後羣臣震慴湯之客田甲雖賈人有賢操始湯爲小吏時與錢通徐廣曰以利交及湯爲大吏甲所以責湯行義過失亦有烈士風湯爲御史大夫七歲敗河東人李文嘗與湯有郤已而爲御史中丞

恚數從中文書事有可以傷湯者不能爲地湯有所愛史魯謁居知湯不平使人上蜚變告文姦事下湯湯治論殺文而湯心知謁居爲之上問曰言變事蹤跡安起湯詳驚曰此殆文故人怨之謁居病臥閭里主人湯自往視疾爲謁居摩足趙國以冶鑄爲業王數訟鐵官事湯常排趙王趙王求湯陰事謁居嘗案趙王趙王怨之并上書告湯大臣也史謁居有病湯至爲摩足疑與爲大姦事下廷尉謁居病死事連其弟弟繫導官如淳曰太官之別也主酒湯亦治他囚導官見謁居

[illegible]

弟欲陰爲之而詳不省謁居弟弗知怨湯使人上書告湯與謁居謀共變告李文事下減宣宣嘗與湯有郤及得此事窮竟其事未奏也會人有盜發孝文園瘞錢（如淳曰瘞埋錢於園陵以送死）丞相青翟朝與湯約俱謝至前湯念獨丞相以四時行園當謝湯無與也不謝丞相謝上使御史案其事湯欲致其文丞相見知（張晏曰見知故縱以其罪罪之）丞相患之三長史皆害湯欲陷之始長史朱買臣會稽人也（正義曰朱買臣吳人也此時蘇州爲會稽郡也）讀春秋莊助使人言買臣買臣以楚辭與助俱幸侍中爲太中大夫用事而湯乃爲小吏跪伏使買臣等前已而湯爲廷尉治淮南獄排擠莊助買臣固心望及湯爲御史大夫買臣以會稽守爲主爵都尉列於九卿數年坐法廢守長史見湯湯坐牀上丞史遇買臣弗爲禮買臣楚士（正義曰周末越王勾踐滅吳楚威王滅越吳之地總屬楚故謂朱買臣爲楚士）深怨常欲死之王朝齊人也以術至右內史邊通學長短（漢書音義曰長短術興於六國時行長入短其語隱謬用相激怒）剛暴彊人也官再至濟南相故皆居湯右已而失官守長史詘體於湯湯數行丞相事知此三長史素貴常凌折之以故三長史合謀曰始湯約與君

謝已而賣君今欲劾君以宗廟事此欲代君耳
吾知湯陰事使吏捕案湯左田信等（漢書音義曰左證左也。）
（正義曰言湯與田信爲左道之交故言左田信等）曰湯且欲奏請信輒先知
之居物致富與湯分之及他姦事事辭頗聞上
問湯曰吾所爲賈人輒先知之益居其物是類
有以吾謀告之者湯不謝湯又詳驚曰固宜有
減宣亦奏謁居等事天子果以湯懷詐面欺使
使八輩簿責湯（蘇林曰簿音主簿之簿悉責也）湯具自道無此
不服於是上使趙禹責湯禹至讓湯曰君何不
知分也君所治夷滅者幾何人矣今人言君皆
有狀天子重致君獄欲令君自爲計何多以對
簿爲湯乃爲書謝曰湯無尺寸功起刀筆吏陛
下幸致爲三公無以塞責然謀陷湯罪者三長
史也遂自殺湯死家產直不過五百金皆所得
奉賜無他業昆弟諸子欲厚葬湯湯母曰湯爲
天子大臣被汙惡言而死何厚葬乎載以牛車
有棺無槨天子聞之曰非此母不能生此子乃
盡案誅三長史丞相青翟自殺出田信上惜湯
稍遷其子安世趙禹中廢已而爲廷尉始條侯
以爲禹賊深弗任及禹爲少府比九卿禹酷急

晏子為齊相，出，其御之妻從門間而窺其夫。其夫為相御，擁大蓋，策駟馬，意氣揚揚甚自得也。既而歸，其妻請去。夫問其故。妻曰：「晏子長不滿六尺，身相齊國，名顯諸侯。今者妾觀其出，志念深矣，常有以自下者。今子長八尺，乃為人僕御，然子之意自以為足，妾是以求去也。」其後夫自抑損。晏子怪而問之，御以實對。晏子薦以為大夫。

太史公曰：吾讀管氏牧民、山高、乘馬、輕重、九府，及晏子春秋，詳哉其言之也。既見其著書，欲觀其行事，故次其傳。至其書，世多有之，是以不論，論其軼事。

管仲世所謂賢臣，然孔子小之。豈以為周道衰微，桓公既賢，而不勉之至王，乃稱霸哉？語曰「將順其美，匡救其惡，故上下能相親也」。豈管仲之謂乎？

方晏子伏莊公尸哭之，成禮然後去，豈所謂「見義不為無勇」者邪？至其諫說，犯君之顏，此所謂「進思盡忠，退思補過」者哉！假令晏子而在，余雖為之執鞭，所忻慕焉。

至晚節事益多吏務爲嚴峻而禹治加緩而名爲平王温舒等後起治酷於禹禹以老徙爲燕相數歲亂悖有罪免歸後湯十餘年以壽卒于家

義縱者河東人也爲少年時嘗與張次公俱攻剽爲羣盜（徐廣曰剽音扶召反。索隱曰說文云剽刺也一云剽劫人音數妙反）縱有姊姁（索隱曰李奇音吁孟康音詡）以醫幸王太后王太后問有子兄弟爲官者乎姊曰有弟無行不可太后乃告上拜義姁弟縱爲中郎（漢書音義曰姁音煦縱姊名也）補上黨郡中令（索隱曰案謂補上黨郡中之令史失其縣名）治敢行少蘊藉

（漢書音義曰敢行果政而少蘊藉也。索隱曰蘊音温藉音才夜反張晏云爲人無所避故少所假借也）縣無逋事舉爲第一遷爲長陵及長安令直法行治不避貴戚以捕案太后外孫脩成君子仲（索隱曰案王太后之女號脩成君其子名仲）上以爲能遷爲河內都尉至則族滅其豪穰氏之屬河內道不拾遺而張次公亦爲郎以勇悍從軍敢深入有功爲岸頭侯（徐廣曰受封五年與淮南王女陵姦及受財物國除）寧成家居上欲以爲郡守御史大夫弘曰臣居山東爲小吏時寧成爲濟南都尉其治如狼牧羊成不可使治民上乃拜成爲關都尉歲餘關東吏隸郡國出入關者（漢書

張湯

音義曰隸閱也號曰寧見乳虎無值寧成之怒義縱自河內遷爲南陽太守聞寧成家居南陽及縱至關寧成側行送迎然縱氣盛弗爲禮至郡遂案寧氏盡破碎其家成坐有罪及孔暴之屬皆犇亡徐廣曰孔暴三姓大族南陽吏民重足一迹而平氏朱彊杜衍杜周爲縱爪牙之吏任用遷爲廷史軍數出定襄定襄吏民亂敗於是徙縱爲定襄太守縱至掩定襄獄中重罪輕繫二百餘人及賓客昆弟私入相視亦二百餘人縱一捕鞠曰爲死罪解脫漢書音義曰一切皆捕之也律諸囚徒私解脫桎梏鉗赭加罪一等爲人解脫與同罪縱鞫相賂餉

者二百人爲解脫死罪盡殺也是日皆報殺四百餘人其後郡中不寒而栗猾民佐吏爲治索隱曰案謂豪猾之人干豫吏政故云佐吏爲理也是時趙禹張湯以深刻爲九卿矣然其治尚寬輔法而行而縱以鷹擊毛摯爲治徐廣曰鷙鳥將擊必張羽毛也後會五銖錢白金起民爲姦京師尤甚乃以縱爲右內史王溫舒爲中尉溫舒至惡其所爲不先言縱縱必以氣凌之敗壞其功其治所誅殺甚多然取爲小治姦益不勝直指始出矣吏之治以斬殺縛束爲務閻奉以惡用矣縱廉其治放郅都上幸鼎湖病久已而卒起幸甘泉索隱曰卒音七

忽反道多不治上怒曰縱以我爲不復行此道乎嗛之徐廣曰嗛音銜至冬楊可方受告緡韋昭曰人有告言不出緡者可方受之。索隱曰緡錢貫也漢氏有告緡令楊可主之謂緡錢出等人有不以錢通者令得告之也縱以爲此亂民部吏捕其爲可使者索隱曰謂求楊可之使天子聞使杜式治以爲廢格沮事漢書音義曰武帝使楊可主告緡沒入其財物縱捕爲可使者此爲廢格詔書沮已成之事。索隱曰格音閣棄縱市後一歲張湯亦死

王溫舒者陽陵人也徐廣曰屬馮翊少時椎埋爲姦徐廣曰椎殺人而埋之或謂發冢已而試補縣亭長數廢爲吏以治獄至廷史事張湯遷爲御史督盜賊殺傷甚多稍遷至廣平都尉擇郡中豪敢任吏十餘人以爲爪牙皆把其陰重罪而縱使督盜賊快其意所欲得此人雖有百罪弗法即有避因其事夷之亦滅宗以其故齊趙之郊盜賊不敢近廣平廣平聲爲道不拾遺上聞遷爲河內太守素居廣平時皆知河內豪姦之家及往九月而至令郡具私馬五十疋爲驛自河內至長安部吏如居廣平時方略捕郡中豪猾郡中豪猾相連坐千餘家上書請大者至族小者乃死家盡沒入償臧奏行不過二三日得可事論報至流血十餘

里河內皆怪其奏以爲神速盡十二月郡中毋聲毋敢夜行野無犬吠之盜其頗不得失之旁郡國黎來（索隱曰黎音犂犂比也）會春溫舒頓足歎曰嗟乎令冬月益展一月足吾事矣其好殺伐行威不愛人如此天子聞之以爲能遷爲中尉其治復放河內徙諸名禍猾吏（徐廣曰有殘刻之名。索隱曰案漢書作徒請召猜禍吏服虔曰徒但也猜惡也應劭曰猜疑也取吏好猜疑人作禍敗者而使之）與從事河內則楊皆麻戊（徐廣曰一云麻成）關中楊贛成信等義縱爲內史憚未敢恣治及縱死張湯敗後徙爲廷尉而尹齊爲中尉

尹齊者東郡茌平人（索隱曰茌音仕疑反）以刀筆稍遷至御史事張湯張湯數稱以爲廉武使督盜賊所斬伐不避貴戚遷爲關內都尉聲甚於甯成上以爲能遷爲中尉吏民益凋敝尹齊木彊少文豪惡吏伏匿而善吏不能爲治以故事多廢抵罪上復徙溫舒爲中尉而楊僕以嚴酷爲主爵都尉

楊僕者宜陽人也以千夫爲吏（漢書音義曰千夫若五大夫武帝軍用不足令民出錢穀爲之）河南守案舉以爲能遷爲御史使督盜賊關東治放尹齊以爲敢摯行稍遷至主爵都尉列九卿天子以爲能南越反拜爲樓船將

軍有功封將梁侯爲荀彘所縛[徐廣曰受封四年征朝鮮還贖爲庶人。索隱曰案漢書云與左將軍荀彘俱擊朝鮮爲彘所縛還免爲庶人病死]居久之病死而溫舒復爲中尉爲人少文居廷惛惛不辯[索隱曰惛音昏]至於中尉則心開督盜賊素習關中俗知豪惡吏豪惡吏盡復爲用爲方略吏苛察盜賊惡少年投缿[徐廣曰音項器名也如今之投書函中索隱曰缿受投書之器入不可出三倉音胡江反]購告言姦置伯格長[徐廣曰一作落古村落字亦作格街陌屯落皆設督長也。索隱曰伯音阡陌格音村落言阡陌村落皆置長也]以牧司姦盜賊溫舒爲人讇善事有勢者即無勢者視之如奴有勢家雖有姦如山弗犯無勢者貴戚必侵辱舞文巧詆下戶之猾以焄大豪[焄音熏。索隱曰案熏猶熏灸之謂下戶之中有姦猾之人今案之以重熏逐大姦也]其治中尉如此姦猾窮治大抵盡靡爛獄中行論無出者其爪牙吏虎而冠於是中尉部中中猾以下皆伏有勢者爲游聲譽稱治治數歲其吏多以權富溫舒擊東越還[徐廣曰元鼎六年出會稽破東越]議有不中意者坐小法抵罪免是時天子方欲作通天臺[正義曰漢書元封二年三輔舊事云起甘泉通天臺高五十丈]而未有人溫舒請覆中尉脫卒得數萬人作上說拜爲少府徙爲右內史治如其故姦邪少禁坐法失官復爲右輔行中尉事如故操歲餘會宛軍發[漢書]

楊僕

（音義曰發兵伐大宛）詔徵豪吏温舒匿其吏華成及人有變告温舒受員騎錢他姦利事罪至族自殺其時兩弟及兩婚家亦各自坐他罪而族光祿徐自爲曰悲夫夫古有三族而王温舒罪至同時而五族乎温舒死家直累千金後數歲尹齊亦以淮陽都尉病死家直不滿五十金所誅滅淮陽甚多及死仇家欲燒其尸尸亡去歸葬（徐廣曰尹齊死未及斂恐怨家欲燒之尸亦飛去）自温舒等以惡爲治而郡守都尉諸侯二千石欲爲治者其治大抵盡放温舒而吏民益輕犯法盜賊滋起南陽有梅免白

政楚有殷中（徐廣曰殷一作假人亦有姓假者也）杜少齊有徐勃燕趙之間有堅盧范生之屬大羣至數千人擅自號攻城邑取庫兵釋死罪縛辱郡太守都尉殺二千石爲檄告縣趣具食小羣盜以百數掠鹵鄉里者不可勝數也於是天子始使御史中丞丞相長史督之猶弗能禁也乃使光祿大夫范昆諸輔都尉及故九卿張德等衣繡衣持節虎符發兵以興擊斬首大部或至萬餘級及以法誅通飲食坐連諸郡甚者數千人數歲乃頗得其渠率散卒失亡復聚黨阻山川者往往而羣

揚僕

居無可奈何於是作沈命法〔漢書音義曰沈藏匿也命亡逃也○索隱曰服虔云沈匿不發覺之法韋昭云沈没也〕曰羣盜起不發覺發覺而捕弗滿品者二千石以下至小吏主者皆死其後小吏畏誅雖有盜不敢發恐不能得坐課累府府亦使其不言故盜賊寖多上下相為匿以文辭避法焉〔徐廣曰詐為虚文言無盜賊也〕

減宣者楊人也以佐史無害給事河東守府衛將軍青使買馬河東見宣無害言上徵為大廄丞〔正義曰百官表云太僕屬官有大廄各五丞一尉也〕官事辦稍遷至御史及中丞使治主父偃及治淮南反獄所以微文深

詆殺者甚衆稱為敢決疑數廢數起為御史及中丞者幾二十歲王溫舒免中尉而宣為左內史其治米鹽事大小皆關其手自部署縣名曹實物官吏令丞不得擅搖痛以重法繩之居官數年一切郡中為小治辦然獨宣以小致大能因力行之難以為經中廢為右扶風坐怨成信〔漢書曰成信宣吏〕信亡藏上林中宣使郿令〔正義曰今岐州岐縣北時屬右扶風〕格殺信吏卒格信時射中上林苑門宣下吏詆罪以為大逆當族自殺而杜周任用

杜周者〔正義曰杜氏譜云字長孺〕南陽杜衍人〔索隱曰地名也〕義縱為

南陽守以爲爪牙舉爲廷尉史事張湯湯數言其無害至御史使案邊失亡 文穎曰邊卒多亡也或曰郡縣亡守有所亡失也 所論殺甚衆奏事中上意任用與減宣相編更爲中丞十餘歲其治與宣相放然重遲外寬內深次骨 李奇曰其用罪深刻至骨○索隱曰次至也 宣爲左內史周爲廷尉其治大放張湯而善候伺上所欲擠者因而陷之上所欲釋者久繫待問而微見其冤狀客有讓周曰君爲天子決平不循三尺法 漢書音義曰以三尺竹簡書法律也 專以人主意指爲獄獄者固如是乎周曰三尺安出哉前主所是著爲律後主所是

疏爲令當時爲是何古之法乎至周爲廷尉詔獄亦益多矣二千石繫者新故相因不減百餘人郡吏大府舉之廷尉 如淳曰郡吏郡太守也子孟康曰舉之廷尉以章劾付廷尉治之 一歲至千餘章章大者連逮證案數百小者數十人遠者數千近者數百里會獄吏因責如章告劾不服以笞掠定之於是聞有逮皆亡匿獄久者至更數赦 張晏曰詔書赦或有不從此令 十有餘歲而相告言大抵盡詆以不道 索隱曰案大抵猶大都也盡詆者盡至也 以上廷尉及中都官詔獄逮至六七萬人吏所增加十萬餘人周中廢後爲執金吾逐盜捕治桑弘羊

衛皇后昆弟子刻深天子以爲盡力無私遷爲御史大夫徐廣曰天漢二年爲御史大夫四歲太始二年卒家兩子夾河爲守其治暴酷皆甚於王温舒等矣杜周初徵爲廷史有一馬且不全及身久任事至三公列子孫尊官家訾累數巨萬矣

太史公曰自郅都杜周十人者此皆以酷烈爲聲然郅都伉直引是非爭天下大體張湯以知陰陽人主與俱上下時數辯當否國家賴其便趙禹時據法守正杜周從諛以少言爲重自張湯死後網密多詆嚴官事寖以耗廢九卿碌碌奉其官救過不贍何暇論繩墨之外乎然此十人中其廉者足以爲儀表其汚者足以爲戒徐廣曰一本無此四字方略教導禁姦止邪一切亦皆彬彬質有其文武焉雖慘酷斯稱其位矣至若蜀守馮當暴挫廣漢李貞擅磔人東郡彌僕鋸項天水駱璧推減徐廣曰一作成○索隱曰推音直追反減作成是也謂推繫之以成獄也何東褚廣妄殺京兆無忌馮翊殷周蝮鷙索隱曰蝮音蝮虵鷙音至以言苛酷比之蝮毒焉水衡閻奉扑擊賣請何足數哉何足數哉

索隱述贊曰太上失德法令滋起破觚爲圜

禁暴不止姦僞斯熾慘酷爰始乳獸揚威倉
鷹側視舞文巧詆懷生可恃

酷吏列傳第六十二　　史記百二十二

晉史列傳卷第六十二　大字[illegible]

[illegible]
[illegible]

大宛列傳第六十三　史記一百二十三

索隱曰案此傳合在西南夷下不宜在酷吏游俠之間斯蓋並司馬公之殘缺褚先生補之失也幸不深尤焉

大宛之跡正義曰漢書云大宛國去長安萬二千五百五十里東至都護治西南至大月氏南亦至大月氏北至康居括地志云率都沙那國亦名蘇對沙那國本漢大宛國。索隱曰宛音苑又於袁反見自張騫張騫漢中人索隱曰陳壽益部耆舊傳云騫漢中成固人建元中為郎是時天子問匈奴降者皆言匈奴破月氏王正義曰氏音支涼甘肅瓜沙等州本月氏國之地漢書云本居敦煌祁連間是也以其頭為飲器韋昭曰飲器椑榼也單于以月氏王頭為飲器晉灼曰飲器虎子之屬也或曰飲酒器也。正義曰漢書匈奴傳云元帝遣車騎都尉韓昌光祿大夫張猛與匈奴盟以老上單于所破月氏王頭為飲器者共飲血盟月氏遁逃而常怨仇匈奴無與共擊之漢方欲事滅胡聞此言因欲通使道必更匈奴中索隱曰更經也音羹乃募能使者騫以郎應募使月氏與堂邑氏故胡奴甘父漢書音義曰堂邑氏姓胡奴甘父字。索隱曰案謂堂邑縣人家胡奴名甘父也下云堂邑父者蓋後史家徒省唯稱堂邑父而略甘字或甘其姓號也俱出隴西經匈奴索隱曰謂道經匈奴匈奴得之傳詣單于單于留之曰月氏在吾北漢何以得往使吾欲使越漢肯聽我乎留騫十餘歲與妻有子然騫持漢節不失居匈奴中益寬騫因與其屬亡鄉月氏西走數十日至大宛大宛聞漢之饒財欲通不得見騫喜問

曰若欲何之騫曰爲漢使月氏而爲匈奴所閉
道今亡唯王使人導送我誠得至反漢漢之賂
遺王財物不可勝言大宛以爲然遣騫索隱曰謂大宛發遣
騫西也爲發導驛抵康居索隱曰發導謂發驛令人導引而至康居也導音道抵至
也居音渠。正義曰抵至也居其居反括地志云康居國在京西一萬六百里其西北可二千里有奄蔡酒國也
康居傳致大月氏正義曰此大月氏在大宛西南於嬀水北爲王庭漢書云去長安萬
一千六百里大月氏王已爲胡所殺立其太子爲王徐廣曰一
云夫人爲王夷狄亦或女主。索隱曰案漢書張騫傳云立其夫人爲王也既臣大夏而居
索隱曰居作君謂月氏以大夏爲臣而爲之作君也。正義曰既盡也大夏國在嬀水南地肥饒少
寇志安樂又自以遠漢殊無報胡之心騫從月

氏至大夏竟不能得月氏要領漢書音義曰要領要契。索隱曰小
顏以爲要衣要領衣領凡持衣者必執要與領言騫不能得月氏意趣無以持歸於漢劉氏云不得其要害然頗是
其意於文字爲疏者也留歲餘還並南山正義曰並白浪反南山即連終南山從京南東
至華山過河東北連延至海即中條山也從京南連接至葱嶺萬餘里故云並南山也西域傳云其南山東出金城
與漢南山屬焉欲從羌中歸正義曰說文云羌西方牧羊人也南方蠻閩從虫北方狄從犬東貊
從豸西方羌從羊復爲匈奴所得留歲餘單于死徐廣曰元朔三年
左谷蠡王攻其太子自立國內亂騫與胡妻及
堂邑父俱亡歸漢漢拜騫爲太中大夫堂邑父
爲奉使君索隱曰堂邑父之官號也騫爲人彊力寬大信人蠻
夷愛之堂邑父故胡人善射窮急射禽獸給食

初騫行時百餘人，去十三歲，唯二人得還。騫身所至者大宛、大月氏、大夏、康居，而傳聞其旁大國五六，具爲天子言之。曰：大宛在匈奴西南，在漢正西，去漢可萬里。其俗土著，耕田，田稻麥。有蒲陶酒。多善馬，索隱曰案外國傳云外國稱天下有三衆中國人衆大秦寶衆月氏馬衆馬汗血，其先天馬子也。漢書音義曰大宛國有高山其上有馬不可得因取五色母馬置其下與交生駒汗血因號曰天馬子有城郭屋室。其屬邑大小七十餘城，衆可數十萬。其兵弓矛騎射。其北則康居，西則大月氏，西南則大夏，東北則烏孫，東則扜罙、于窴。徐廣曰漢紀曰拘彌國去于窴三百里。索隱曰扜罙國名也音汙彌窴音田又音殿漢紀謂荀悅所說漢紀拘音俱彌即罙也則拘彌與扜罙同是一名也于窴之西，則水皆西流，注西海；其東水東流，注鹽澤。索隱曰鹽水也太康地記云河北得水爲河塞外得水爲海也。正義曰漢書云鹽澤玉門關三百餘里廣袤三四百里其水皆潛行地下南出於積石山爲中國河括地志云蒲昌海一名泑澤一名鹽澤亦名輔日海亦名穿蘭亦名臨海在沙州西南玉門關在沙州壽昌縣西六里鹽澤潛行地下，其南則河源出焉。索隱曰案漢書西南夷傳云河有兩源一出葱嶺山一出于窴山海經云河出崑崙東北隅郭璞云河出崑崙潛行地下至葱嶺山于窴國復分流岐出合而東注泑澤已而復行積石爲中國河泑澤即鹽澤也一名蒲昌海西域傳云于窴在南山下與郭璞注山海經不同廣志云蒲昌海在蒲類海東也多玉石，河注中國。而樓蘭、姑師正義曰二國名姑師即車師也邑有城郭，臨鹽澤。鹽澤去長安可五千里。匈奴右方居鹽澤以東，至隴西

長城南接羌鬲漢道焉

烏孫在大宛東北可二千里行國（徐廣曰不土著）隨畜與匈奴同俗控弦者數萬敢戰故服匈奴及盛取其羈屬不肯往朝會焉

康居在大宛西北可二千里行國與月氏大同俗控弦者八九萬人與大宛鄰國國小南羈事月氏東羈事匈奴

奄蔡（正義曰漢書解詁云奄蔡即闔蘇也魏略云西與大秦通東南與康居接其國多貂畜牧水草故時羈屬康居也）在康居西北可二千里行國與康居大同俗控弦者十餘萬臨大澤無崖蓋乃北海云

大月氏（正義曰萬震南州志云在天竺北可七千里地高燥而遠國王稱天子國中騎乘常數十萬匹城郭宮殿與大秦國同人民赤白色便習弓馬土地所出及奇瑋珍物被服鮮好天竺不及也康泰外國傳云外國稱天下有三眾中國為人眾大秦為寶眾月氏為馬眾也）在大宛西可二三千里居嬀水北其南則大夏西則安息北則康居行國也隨畜移徙與匈奴同俗控弦者可一二十萬故時彊輕匈奴及冒頓立攻破月氏至匈奴老上單于殺月氏王以其頭為飲器始月氏居敦煌祁連閒（正義曰初月氏居敦煌以東祁連山以西敦煌郡今沙州祁連山在甘州西南）及為匈奴所敗乃遠去過宛西擊大夏而臣之遂都嬀水北為王庭其餘小眾不能去者保南山羌

號小月氏

安息 正義曰地理志云安息國京西萬一千二百里自西關西行三千四百里至阿蠻國西行三千六百里至斯賓國從賓南行度河又西南行至于羅國九百六十里安息西界極矣自乘海乃通大秦國漢書云北康居東烏弋山離西條枝國臨嬀水土著以銀爲錢如其王面王死輙更錢效王面焉 在大月氏西可數千里其俗土著耕田田稻麥蒲陶酒城邑如大宛其屬小大數百城地方數千里最爲大國臨嬀水有市民商賈用車及船行旁國或數千里以銀爲錢錢如其王面 索隱曰漢書云文獨爲王面幕爲夫人面荀悅云幕音漫無文面也張晏云錢之文面作人乘馬錢之幕作人面形韋昭云幕錢背也包愷音漫 王死輙更錢效王面焉畫革旁行以爲書記 漢書音義曰橫行爲書記。索隱曰畫音獲小顏云革皮之不柔者韋昭云外夷書皆旁行今南方林邑之徒書皆旁行不直下也

其西則條枝北有奄蔡黎軒 正義曰上力奚反下巨言反又巨連反後漢書云大秦一名犂鞬在西海之西東西南北各數千里有城四百餘所土地金銀奇寶有夜光璧明月珠駭雞犀火浣布珊瑚琥珀琉璃瑯玕朱丹青碧珍怪之物率出大秦康氏外國傳云其國城郭皆青水精爲及五色水精爲壁人民多巧能化銀爲金國土市買皆金銀錢萬震南州志云大家屋舍以珊瑚爲柱琉璃爲牆壁水精爲礎舄海中斯調州上有木冬月往剝取其皮績以爲布極細手巾齊數匹與麻焦布無異色小青黑若垢汚欲浣之則入火中便更精潔世謂之火浣布秦云定重叅問門樹皮也括地志云火山國在扶風南東大湖海中其國中山皆火然火中有白鼠皮及樹皮績爲火浣布魏略云大秦在安條支西大海之西故俗謂之海西從安息界乘船直載海西遇風利時三月到風遲或一二歲其公私宮室爲重屋郵驛亭置如中國從安息繞海北陸到其國人民相屬十里一亭三十里一置無盜賊其俗人長大平正似中國人而胡服宋膺異物志云秦之北附庸小邑有羊黑自然生於

土中候其欲萌築墻繞之恐獸所食其臍與地連割絕則
死擊物驚之乃驚鳴臍遂絕則逐水草爲羣又大秦金二
枚皆大如瓜擲之滋息無極觀之如用則眞金也括地志
云小人國在大秦南人裁三尺其耕稼之時懼鶴所食大
秦衛助之即僬僥
國其人穴居也

條枝索隱曰漢書作犂靬續漢書一
名大秦三國並臨西海後漢書
云西海環其西惟西北通陸道然
漢使自烏弋以還莫有至條枝者

在安息西數千里臨西海暑濕耕田田稻有大鳥卵如甕正義曰
漢書云
條支出師子犀牛孔雀大雀其卵如甕和帝永元十三年
安息王滿屈獻師子大鳥世謂之安息雀廣志云鳥鵄鷹
身蹄駱色蒼舉頭八九尺張
翅丈餘食大麥卵大如甕

人衆甚多往往有小君長而安息役屬之以爲外國國善眩應劭曰眩相
詐惑。正義
曰顏云今吞刀吐火殖瓜種
樹屠人截馬之術皆是也

安息長老傳聞條枝有弱水西王母而未嘗見索隱曰魏略云弱水在大秦
西玄中記云天下之弱者有

崑崙之弱水鴻毛不能載也山海經云玉山西王母所居
穆天子傳云天子觴西王母瑤池之上括地圖云崑崙弱
水非乘龍不至有三足神鳥爲王母取食也。正義曰此
弱水西王母既是安息長老傳聞而未曾見後漢書
云桓帝時大秦國王安敦遣使自日南徼外來獻或云其
國西有弱水流沙近西王母處幾於日所入也然先儒多
引大荒西經云弱水云有二源俱出女國北阿耨達山南
流會於女國東去國一里深丈餘闊六十步非毛舟不可
濟南流入海阿耨達山即崑崙山也與大荒西經合矣然
大秦國在西海中島上從安息西界過海好風用三月乃
到弱水又在其國之西崑崙山弱水流在女國北出崑
崙山南女國在于窴國南二千七百里于窴去京九千
六百里七十里計大秦與大崑崙山相去幾四五萬里
非所論及而前賢誤矣此皆據漢括地論之猶恐未審
然弱水二所
說皆有也

大夏在大宛西南二千餘里嬀水南其俗土著有城屋與大宛同俗無大王長往往城邑置小長其兵弱畏戰善賈市及大月

氏西徙攻敗之皆臣畜大夏大夏民多可百餘萬其都曰藍市城有市販賈諸物其東南有身毒國徐廣曰身或作䖙又作訖。索隱曰身音乾毒音篤孟康云即天竺也所謂浮圖胡也。正義曰一名身毒在月氏東南數千里俗與月氏同而卑濕暑熱其國臨大水乘象以戰其民弱月氏脩浮圖道不殺伐遂以成俗土有象犀瑇瑁金銀鐵錫鉛西與大秦通有大秦珍物明帝夢金人長大頂有光明以問羣臣或曰西方有神名曰佛其形長丈六尺而黃金色帝於是遣使天竺問佛道法遂至中國畫形像焉萬震南州志云地方三萬里佛道所出其國王居城郭殿皆彫文刻鏤街曲市里各有行列左右諸大國凡十六皆共奉之以天地之中也浮屠經云臨兒國王生隱屠太子父曰屠頭邪母曰莫邪屠身色黃髮如青絲乳有青色爪赤如銅始莫邪夢白象而孕及生從母右脅出生有髮墮地能行七步又云太子生時有二龍王夾左右吐水一龍水暖一龍水冷遂成二池今猶一冷一暖初行七步處琉璃上有太子脚跡見在生處名祇洹精舍在舍衞國南四里是長者須達所起又有阿輸

迦樹是夫人所攀生太子樹也括地志云沙祇大國即舍衞國也在月氏南萬里即波斯匿王治處此國共九十種知身後事城有祇樹給孤園又云天竺國有東西南北中央天竺國國方三萬里去月氏七千里大國隸屬凡二十一天竺在崑崙山南大國也治城臨恒水又云阿耨達山亦名建末達山亦名崑崙山水出一名拔扈利水一名恒伽阿即經稱河者也自崑崙山以南多是平地而下濕土肥良多種稻歲四熟留役駝馬米粒亦極大又云佛上忉利天爲母說法九十日波斯匿王思欲見佛即刻牛頭旃檀象置精舍內佛坐此像是衆像之始後人所法也佛上天青梯今變爲石沒入地唯餘十二蹬蹬間二尺餘彼耆老言梯入地盡佛法滅又云王舍國胡語曰罪悅祇國其國靈鷲山胡語曰耆闍崛山山是青石石頭似鷲鳥名耆闍鷲也崛山石也山周四十里外周圍水佛於此坐禪及諸阿難等俱在此坐又云小孤石石上有石室者佛坐其中天帝釋以四十二事問佛佛一一以指畫名其跡尚存又於山上起塔佛昔將阿難在此上山四望見福田疆畔因制七條衣割截之法於此今袈裟衣是也騫曰臣在大夏時見邛竹杖蜀布正義曰邛都邛山出此竹因名邛竹節高

實中或寄生可爲杖布土蘆布 問曰安得此大夏國人曰吾賈人往市之身毒身毒在大夏東南可數千里其俗土著大與大夏同而卑濕暑熱云其人民乘象以戰其國臨大水焉 正義曰大水河也 以騫度之大夏去漢萬二千里居漢西南今身毒國又居大夏東南數千里有蜀物此其去蜀不遠矣今使大夏從羌中險羌人惡之少北則爲匈奴所得從蜀宜徑 如淳曰徑疾也或曰徑直 又無寇天子既聞大宛及大夏安息之屬皆大國多奇物土著頗與中國同業而兵弱貴漢財物其北有大月氏康居之屬

兵彊可以賂遺設利朝也且誠得而以義屬之則廣地萬里重九譯 正義曰言重重九遍譯語而致 致殊俗威德徧於四海天子欣然以騫言爲然乃令騫因蜀犍爲 正義曰犍其連反犍爲郡今戎州也在益州南一千餘里 發閒使四道並出出駹出冄出徙 徐廣曰屬漢嘉。索隱曰李奇云徙音斯蜀郡有徙縣。正義曰茂州向州等冄駹之地在戎州西北也 出邛僰 正義曰僰蒲北反徙在嘉州邛今邛州僰今雅州皆在戎州西南也 皆各行一二千里其北方閉氐筰 服虔曰皆夷名漢使見閉於夷也。索隱曰韋昭云筰縣屬蜀越巂音髓案南越破後殺筰侯作筰都爲沈黎郡又有定筰縣。正義曰氐今成州及武等州也筰白狗羌也皆在戎州西北也 南方閉巂昆明 正義曰巂巂州及南昆明夷也皆在戎州西南 昆明之屬無君長善寇盜輒殺略漢

安息

安息

使終莫得通然聞其西可千餘里有乘象國名
曰滇越徐廣曰一作城。正義曰昆郎等州皆滇國也其西南滇越越巂則通號越細分而有巂滇等名也而蜀賈姦出物者或至焉於是漢以求大夏
道始通滇國初漢欲通西南夷費多道不通罷
之及張騫言可以通大夏乃復事西南夷騫以
校尉從大將軍擊匈奴知水草處軍得以不乏
乃封騫為博望侯索隱曰案張騫封號耳非地名小顏云取其能博廣瞻望也尋武帝置博望苑亦取斯義也。正義曰地理志南陽博望縣是歲元朔六年也其明
年騫為衛尉與李將軍俱出右北平擊匈奴匈
奴圍李將軍軍失亡多而騫後期當斬贖為庶

人是歲漢遣驃騎破匈奴西城數萬人至祁連
山其明年渾邪王率其民降漢而金城河西西
並南山至鹽澤空無匈奴匈奴時有候者到而
希矣其後二年漢擊走單于於幕北是後天子
數問騫大夏之屬騫既失侯因言曰臣居匈奴
中聞烏孫王號昆莫昆莫之父匈奴西邊小國
也匈奴攻殺其父索隱曰漢書父名難兜靡為大月氏所殺而昆莫生棄
於野烏嗛肉蜚其上徐廣曰讀嗛與銜同酷吏傳義縱不治道上忿銜之史記亦作嗛字。索隱曰嗛音銜蜚亦飛字狼往乳之單于怪以為神而收
長之及壯使將兵數有功單于復以其父之民

子昆莫令長守於西城昆莫收養其民攻旁小
邑控弦數萬習攻戰單于死昆莫乃率其衆遠
徙中立不肯朝會匈奴匈奴遣奇兵擊不勝以
爲神而遠之因羈屬之不大攻今單于新困於
漢而故渾邪地空無人蠻夷俗貪漢財物今誠
以此時而厚幣賂烏孫招以益東居故渾邪之
地與漢結昆弟其勢宜聽聽則是斷匈奴右臂
也既連烏孫自其西大夏之屬皆可招來而爲
外臣天子以爲然拜騫爲中郎將將三百人馬
各二匹牛羊以萬數齎金幣帛直數千巨萬多

持節副使道可使使遺之他旁國騫既至烏孫
烏孫王昆莫見漢使如單于禮騫大慙知蠻夷
貪乃曰天子致賜王不拜則還賜昆莫起拜賜
其他如故騫諭使指曰烏孫能東居渾邪地則
漢遣翁主爲昆莫夫人烏孫國分王老而遠漢
未知其大小素服屬匈奴日久矣且又近之其
大臣皆畏胡不欲移徙王不能專制騫不得其
要領昆莫有十餘子其中子曰大禄彊善將衆
將衆別居萬餘騎大禄兄爲太子太子有子曰
岑娶而太子蚤死臨死謂其父昆莫曰必以岑

安息

[illegible]

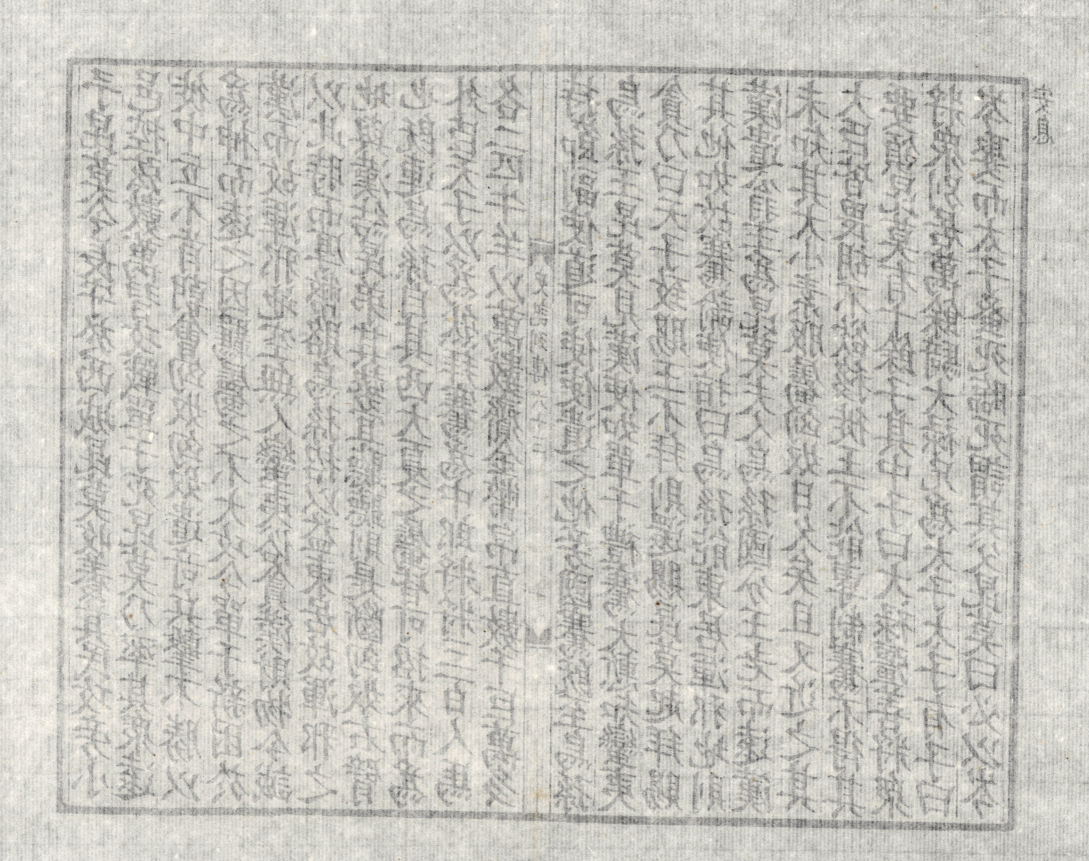

娶爲太子毋令他人代之昆莫哀而許之卒以
岑娶爲太子大祿怒其不得代太子也乃收其
諸昆弟將其衆畔謀攻岑娶及昆莫昆莫老常
恐大祿殺岑娶予岑娶萬餘騎別居而昆莫有
萬餘騎自備國衆分爲三而其大總取羈屬昆
莫昆莫亦以此不敢專約於騫騫因分遣副使
使大宛康居大月氏大夏安息身毒于窴扜罙
及諸旁國烏孫發導譯送騫騫還騫與烏孫遣
使數十人馬數十匹報謝因令窺漢知其廣大
騫還到拜爲大行列於九卿歲餘卒烏孫使既

見漢人衆富厚歸報其國其國乃益重漢其後
歲餘騫所遣使通大夏之屬者皆頗與其人俱
來晉灼曰其國人於是西北國始通於漢矣然張騫鑿空蘇林曰鑿開空通也騫開通西域道○索隱曰案謂西域險阨本無道路今鑿空而通之也其後使
往者皆稱博望侯以爲質於外國如淳曰質誠信也博望侯有誠信故後使稱其意以喻外國李奇曰質信也外國由此信之自博望侯
騫死後匈奴聞漢通烏孫怒欲擊之及漢使烏
孫若徐廣曰漢書作及若意義亦及也出其南抵大宛大月氏相
屬烏孫乃恐使使獻馬願得尚漢女翁主爲昆
弟天子問羣臣議計皆曰必先納聘然後乃遣

[illegible]

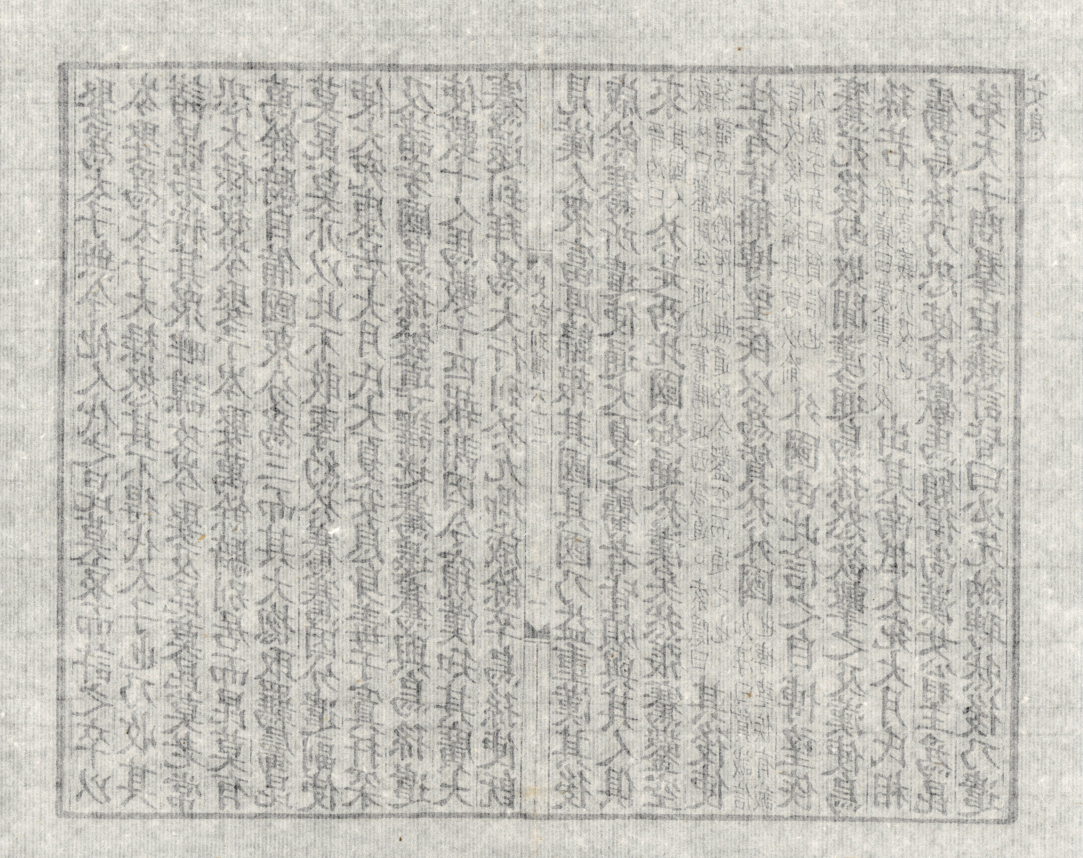

女初天子發書易〔漢書音義曰發易書以卜〕云神馬當從西北來得烏孫馬好名曰天馬及得大宛汗血馬益壯更名烏孫馬曰西極名大宛馬曰天馬云而漢始築令居以西〔徐廣曰屬金城〕初置酒泉郡以通西北國因益發使抵安息奄蔡黎軒條枝身毒國而天子好宛馬使者相望於道諸使外國一輩大者數百少者百餘人人所齎操大放博望侯時其後益習而衰少焉漢率一歲中使多者十餘少者五六輩遠者八九歲近者數歲而反

是時漢既滅越而蜀西南夷皆震請吏入朝於是置益州越巂牂牁沈黎汶山郡欲地接以前通大夏〔李奇曰欲地界相接至大夏〕乃遣使柏始昌呂越人等歲十餘輩出此初郡〔索隱曰初郡謂越巂汶山等郡也謂之初者後皆叛而併廢之也〕抵大夏皆復閉昆明為所殺奪幣財終莫能通至大夏焉於是漢發三輔罪人因巴蜀士數萬人遣兩將軍郭昌衛廣等往擊昆明之遮漢使者〔徐廣曰元封二年〕斬首虜數萬人而去其後遣使昆明復為寇竟莫能得通而北道酒泉抵大夏使者既多而外國益厭漢幣不貴其物自博望侯開外國道以尊貴其後從吏卒皆爭上書言

外國奇怪利害求使天子爲其絶遠非人所樂往聽其言予節募吏民毋問所從來爲具備人衆遣之以廣其道來還不能毋侵盜幣物及使失指天子爲其習之輒覆案致重罪以激怒令贖復求使使端無窮而輕犯法其吏卒亦輒復盛推外國所有言大者予節言小者爲副故妄言無行之徒皆爭效之其使皆貧人子私縣官齎物欲賤市以私其利外國外國亦厭漢使人人有言輕重（服虔曰漢使言於外國人人輕重不實如淳曰外國人人自言數爲漢使所侵易）度漢兵遠不能至而禁其食物以苦漢使漢使

乏絶積怨至相攻擊而樓蘭姑師小國耳（徐廣曰即車師）當空道攻劫漢使王恢等尤甚（徐廣曰恢一作怪）而匈奴奇兵時時遮擊使西國者使者爭徧言外國災害皆有城邑兵弱易擊於是天子以故遣從驃侯破奴將屬國騎及郡兵數萬至匈河水欲以擊胡胡皆去其明年擊姑師破奴與輕騎七百餘先至虜樓蘭王遂破姑師因舉兵威以困烏孫大宛之屬還封破奴爲浞野侯（徐廣曰元封三年）王恢（徐廣曰爲中郎將）數使爲樓蘭所苦言天子天子發兵令恢佐破奴擊破之封恢爲浩侯（徐廣曰捕得車師王元封四年）

封浩侯。於是酒泉列亭鄣至玉門矣。韋昭曰玉門關在龍勒界。索隱曰韋昭又云玉門縣名在酒泉。正義曰括地志云沙州龍勒山在縣南百六十五里玉門關在縣西北百一十八里烏孫以千匹馬聘漢女漢遣宗室女江都翁主漢書曰江都王建女往妻烏孫烏孫王昆莫以爲右夫人匈奴亦遣女妻昆莫昆莫以爲左夫人昆莫曰我老乃令其孫岑娶妻翁主烏孫多馬其富人至有四五千匹馬初漢使至安息安息王令將二萬騎迎於東界東界去王都數千里行比至過數十城人民相屬甚多漢使還而後發使隨漢使來觀漢廣大以大鳥卵及黎軒善眩人獻于漢索隱曰韋昭云眩人變化惑人也魏略云黎軒多奇幻口中吹火自縛自解小顏亦以爲今之吞刀吐火植瓜種樹屠人截馬之術皆是也及宛西小國驩潛大益宛東姑師扜罙蘇薤之屬皆隨漢使獻見天子天子大悅而漢使窮河源河源出于窴其山多玉石采來瓚曰漢使采取將持來至漢天子案古圖書名河所出山曰崑崙云是時上方數巡狩海上乃悉從外國客大都多人則過之散財帛以賞賜厚具以饒給之以覽示漢富厚焉於是大觳抵出奇戲諸怪物多聚觀者行賞賜酒池肉林令外國客徧觀名倉庫府藏之積見漢之廣大傾駭之及加

其眩者之工而觳抵奇戲歲增變甚盛益興自此始西北外國使更來更去宛以西皆自以遠尚驕恣晏然未可詘以禮羈縻而使也自烏孫以西至安息以近匈奴匈奴困月氏也匈奴使持單于一信則國國傳送食不敢留苦及至漢使非出幣帛不得食不市畜不得騎用所以然者遠漢而漢多財物故必市乃得所欲然以畏匈奴於漢使焉宛左右以蒲陶為酒富人藏酒至萬餘石久者數十歲不敗俗嗜酒馬嗜苜蓿漢使取其實來於是天子始種苜蓿蒲陶肥饒

地及天馬多外國使來衆則離宮別觀旁盡種蒲萄苜蓿極望自大宛以西至安息國雖頗異言然大同俗相知言其人皆深眼多鬚顊善市賈爭分銖俗貴女子女子所言而丈夫乃決正其地皆無絲漆不知鑄錢器（徐廣曰多作錢字又或作鐵字）及漢使亡卒降教鑄作他兵器得漢黃白金輒以為器不用為幣而漢使者往既多其少從率多進孰於天子（漢書音義曰少從不如計也或云從行之微者也進孰美語如成孰者也）言曰宛有善馬在貳師城匿不肯與漢使天子既好宛馬聞之甘心使壯士車令等持千金及金馬

以請宛王貳師城善馬宛國饒漢物相與謀曰漢去我遠而鹽水中數敗服虔曰水名道從外水中如淳曰道絕遠無穀草○正義曰孔文祥云鹽鹽澤也言水廣遠或致風沒而數敗地裴矩西域記云在西州高昌縣東東南去瓜州一千三百里並沙磧之地水草難行四面危道路不可准記行人唯以人畜骸骨及馳馬糞爲標驗以其地道路惡人畜即不約行曾有人於磧內時聞人喚聲不見形亦有歌哭聲數失人瞬息之間不知所在由此數有死亡蓋魑魅魍魎也出其北有胡寇出其南乏水草又且往往而絕邑乏食者多漢使數百人爲輩來而常乏食死者過半是安能致大軍乎無柰我何且貳師馬宛寶馬也遂不肯予漢使漢使怒妄言如淳曰罵詈椎金馬而去宛貴人怒曰漢使至輕我遣漢

使去令其東邊郁成遮攻殺漢使取其財物於是天子大怒諸嘗使宛姚定漢等言宛兵弱誠以漢兵不過三千人彊弩射之即盡虜破宛矣天子已嘗使浞野侯攻樓蘭以七百騎先至虜其王以定漢等言爲然而欲侯寵姬李氏拜李廣利爲貳師將軍發屬國六千騎及郡國惡少年數萬人以往伐宛期至貳師城取善馬故號貳師將軍趙始成爲軍正故浩侯王恢使導軍徐廣曰恢先受封一年坐使酒泉矯制國除而李哆爲校尉制軍事索隱曰哆音尺奢反又尺者反是歲太初元年也而關東蝗大起蜚西

安息

至敦煌貳師將軍軍旣西過鹽水當道小國恐各堅城守不肯給食攻之不能下下者得食不下者數日則去比至郁成士至者不過數千皆飢罷攻郁成郁成大破之所殺傷甚衆貳師將軍與哆始成等計至郁成尚不能舉況至其王都乎引兵而還往來二歲還至燉煌士不過什一二使使上書言道遠多乏食且士卒不患戰患飢人少不足以拔宛願且罷兵益發而復往天子聞之大怒而使使遮玉門曰軍有敢入者輒斬之貳師恐因留燉煌其夏漢亡浞野之兵二萬餘於匈奴[徐廣曰太初二年趙破奴爲浚稽將軍二萬騎擊匈奴不還也]公卿及議者皆願罷擊宛軍專力攻胡天子已業誅宛宛小國而不能下則大夏之屬輕漢而宛善馬絕不來烏孫侖頭易苦漢使矣[晉灼曰易輕]爲外國笑乃案言伐宛尤不便者鄧光等赦囚徒材官益發惡少年及邊騎歲餘而出燉煌者六萬人負私從者不與牛十萬馬三萬餘匹驢騾槖它以萬數多齎糧兵弩甚設天下騷動傳相奉伐宛凡五十餘校尉宛王城中無井皆汲城外流水於是乃遣水工徙其城下水空以空其城

其城也言空者令城中渴乏益發戍甲卒十八萬酒泉張掖北至居延休屠以衛酒泉如淳曰立二縣以衛邊也或曰置二部都尉以衛酒泉而發天下七科適正義曰音謫張晏云吏有罪一亡命二贅壻三賈人四故有市籍五父母有市籍六大父母有籍七凡七科武帝天漢四年發天下七科謫出朔方也及載糒給貳師轉車人徒相連屬至敦煌而拜習馬者二人爲執驅校尉備破宛擇取其善馬云於是貳師後復行兵多而所至小國莫不迎出食給軍至侖頭侖頭不下攻數日屠之自此而西平行至宛城漢兵到者三萬人宛兵迎擊漢兵漢兵射敗之宛走入葆乘其城貳師兵欲

行攻郁成恐留行而令宛益生詐乃先至宛決其水源移之則宛固已憂困圍其城攻之四十餘日其外城壞虜宛貴人勇將煎靡宛大恐走入中城宛貴人相與謀曰漢所爲攻宛以王毋寡匿善馬而殺漢使今殺王毋寡而出善馬漢兵宜解即不解乃力戰而死未晚也宛貴人皆以爲然共殺其王毋寡持其頭遣貴人使貳師約曰漢毋攻我我盡出善馬恣所取而給漢軍食即不聽我盡殺善馬而康居之救且至至我居內康居居外與漢軍戰漢軍孰計之何從是

時康居候視漢兵漢兵尚盛不敢進貳師與趙始成李哆等計聞宛城中新得秦人知穿井而其內食尚多所爲來誅首惡者毋寡毋寡頭巳至如此而不許解兵則堅守而康居候漢罷而來救宛破漢軍必矣軍吏皆以爲然許宛之約宛乃出其善馬令漢自擇之而多出食食給漢軍漢軍取其善馬數十匹中馬以下牡牝三千餘匹而立宛貴人之故待遇漢使善者爲昧蔡以爲宛王索隱曰昧蔡大宛將昧音末蔡先葛反與盟而罷兵終不得入中城乃罷而引歸初貳師起燉煌西以爲

人多道上國不能食乃分爲數軍從南北道校尉王申生故鴻臚壺充國等千餘人別到郁成郁成城守不肯給食其軍王申生去大軍二百里偵而輕之責郁成郁成食不肯出窺知申生軍日少晨用三千人攻戮殺申生等軍破數人脫亡走貳師貳師令搜粟都尉上官桀往攻破郁成郁成王亡走康居桀追至康居康居聞漢巳破宛乃出郁成王予桀桀令四騎士縛守詣大將軍如淳曰時多別將故謂貳師爲大將軍四人相謂曰郁成王漢國所毒今生將去卒失大事欲殺莫敢先擊

安息

上邽騎士趙弟最少拔劒擊之斬郁成王齎頭
弟桀等逐及大將軍初貳師後行天子使使告
烏孫大發兵并力擊宛烏孫發二千騎往持兩
端不肯前貳師將軍之東諸所過小國聞宛破
皆使其子弟從軍入獻見天子因以爲質焉貳
師之伐宛也而軍正趙始成力戰功最多及上
官桀敢深入李哆爲謀計軍入玉門者萬餘人
軍馬千餘匹貳師後行軍非乏食戰死不能多
而將吏貪多不愛士卒侵牟之以此物故衆天
子爲萬里而伐宛不錄過封廣利爲海西侯又

封身斬郁成王者騎士趙弟爲新時侯軍正趙
始成爲光祿大夫上官桀爲少府李哆爲上黨
太守軍官吏爲九卿者三人諸侯相郡守二千
石者百餘人千石以下千餘人奮行者官過其
望（漢書音義曰奮迅自樂入行者）以適過行者皆絀其勞（徐廣曰奮行者及以適行者雖俱有功勞今行賞計其前有罪而減其賜故曰絀其勞也絀抑退也此卒以適行故功勞不足重所以絀降之不得與奮行者齊賞之）士卒賜直四萬金伐宛再反凡
四歲而得罷焉漢已伐宛立昧蔡爲宛王而去
歲餘宛貴人以爲昧蔡善諛使我國遇屠乃相
與殺昧蔡立毋寡昆弟曰蟬封爲宛王而遣其

子入質於漢漢因使使賂賜以鎮撫之而漢發使十餘輩至宛西諸外國求奇物因風覽以伐宛之威德而燉煌置徐廣曰一本無置字酒泉都尉徐廣曰一云置都尉又云燉煌有淵泉縣或者酒字當爲淵字西至鹽水往往有亭而命頭有田卒數百人因置使者護田積粟以給使外國者

太史公曰禹本紀言河出崑崙崑崙其高二千五百餘里日月所相避隱爲光明也其上有醴泉瑤池今自張騫使大夏之後也窮河源惡睹本紀所謂崑崙者乎鄧展曰漢以窮河源於何見崑崙乎尚書曰導河積石是爲河源出於積石積石在金城河關不言出於崑崙也○索隱曰惡音烏烏於何也睹見也言張騫窮河源至大夏于窴於何見河出崑崙乎謂禹本紀及山海經爲虛妄也然案山海經河出崑崙東北隅西域傳云南出積石山爲中國河積石本非河之發源猶尚書導洛自熊耳然其實出於蔥嶺山乃東經熊耳今推此義河亦然矣則河源本崑崙而潛流至于闐又東流至積石始入中國則山海經及禹貢各互舉耳故言九州山川尚書近之矣至禹本紀山海經所有怪物余不敢言之也索隱曰案漢書作所有放哉始淳云放蕩迂闊言不可信也余不敢言者亦謂山海經難可據信耳而荀悅作放効失之矣

索隱述贊曰大宛之迹元因博望始究河源旋窺海上條枝西入天馬內向蔥嶺無塵鹽池息浪曠哉絕域往往亭障

大宛傳終

游俠列傳第六十四　史記一百二十四

荀悅曰立氣齊作威福結私交以立彊於世者謂之游俠

韓子曰儒以文亂法正義曰言文之蔽小人以僻謂細碎苛法亂政而俠以武犯禁二者皆譏正義曰譏非言也儒敝亂法俠盛犯禁二道皆非而學士多稱於世者故太史公引韓子欲陳游俠之美而學士多稱於世云至如以術取宰相卿大夫輔翼其世主功名俱著於春秋索隱曰案春秋謂國史也以言人臣有功名則見記於其國之史是俱著春秋者也固無可言者及若季次原憲閭巷人也徐廣曰仲尼弟子傳曰公晳哀字季次未嘗仕孔子稱之讀書懷獨行君子之德索隱曰行音下孟反義不苟合當世當世亦笑之故季次原憲終身空室蓬戶正義曰莊子云原憲居環堵之室蓬戶不完以桑爲樞而甕牖上漏下濕獨坐而絃歌也褐衣䟽食不厭死而已索隱曰厭飽也於豔反四百餘年而弟子志之不倦今游俠其行雖不軌於正義然其言必信其行必果已諾必誠不愛其軀赴士之阸困索隱曰阸音厄既已存亡死生矣而不矜其能羞伐其德蓋亦有足多者焉且緩急人之所時有也太史公曰昔者虞舜窘於井廩伊尹負於鼎俎傅說匿於傅險呂尚困於棘津徐廣曰在廣川。正義曰尉繚子云太公望行年七十賣食棘津云古亦謂之石濟津故南津夷吾桎梏百里飯牛仲尼畏匡菜色陳蔡此皆學士所謂有道仁人也猶然

遭此菑況以中材而涉亂世之末流乎其遇害何可勝道哉鄙人有言曰何知仁義已饗其利者爲有德索隱曰已音以鄉向音享受也言已受其利則爲有德何知仁義也故伯夷醜周餓死首陽山而文武不以其故貶王跖蹻暴戾其徒誦義無窮由此觀之竊鉤者誅索隱曰以言小竊則爲盜而受誅也竊國者侯侯之門仁義存索隱曰言人臣委質於侯王門則須存於仁義若游俠徑挺亦何必肯存仁義也非虛言也今拘學或抱咫尺之義久孤於世豈若卑論儕俗與世沉浮而取榮名哉索隱曰言拘學守義之士或抱咫尺纖微之事遂久以當代孤負我志而不若卑論儕俗以取榮寵也而布衣之徒設取予然諾千里誦義爲

死不顧世此亦有所長非苟而已也故士窮窘而得委命此豈非人之所謂賢豪閒者邪誠使鄉曲之俠予季次原憲比權量力効功於當世不同日而論矣要以功見言信俠客之義又曷可少哉古布衣之俠靡得而聞已近世延陵徐廣曰代郡亦有延陵縣駰案韓子云趙襄子召延陵生令車騎先至晉陽襄子時趙已并代可有延陵之号但未詳是此人非耳孟嘗春申平原信陵之徒皆因王者親屬藉於有土卿相之富厚招天下賢者顯名諸侯不可謂不賢者矣比如順風而呼聲非加疾其埶激也至如閭巷之俠脩行砥名聲施於天下

索隱曰施音以豉反莫不稱賢是爲難耳然儒墨皆排擯
不載自秦以前匹夫之俠湮滅不見余甚恨之
以余所聞漢興有朱家田仲王公劇孟郭解之
徒雖時扞當世之文罔索隱曰扞即捍也違扞當代之法網謂犯法禁也然
其私義廉絜退讓有足稱者名不虛立士不虛
附至如朋黨宗彊比周設財役貧豪暴侵凌孤
弱恣欲自快游俠亦醜之余悲世俗不察其意
而猥以朱家郭解等令與暴豪之徒同類而共
笑之也

魯朱家者與高祖同時魯人皆以儒教而朱家

用俠聞所藏活豪士以百數其餘庸人不可勝
言然終不伐其能歆其德諸所嘗施唯恐見之
振人不贍先從貧賤始家無餘財衣不完采食
不重味乘不過軥牛徐廣曰音雊駰案漢書音義曰小牛○索隱曰軥音古豆反案大牛當軛專趨人之急甚己之私既陰脫季布將軍
之阸及布尊貴終身不見也索隱曰案季布爲漢所購求朱家以布髡鉗爲奴載以廣柳車而出之及布尊貴終不見之亦高介至義之士然布竟亦不報朱家之恩自關以東
莫不延頸願交焉楚田仲以俠聞喜劍父事朱
家自以爲行弗及田仲已死而雒陽有劇孟周
人以商賈爲資而劇孟以任俠顯諸侯吳楚反

[illegible]

時條侯為太尉乘傳車將至河南得劇孟喜曰吳楚舉大事而不求孟吾知其無能為已矣天下騷動宰相得之若得一敵國云劇孟行大類朱家而好博索隱曰好六博之戲也多少年之戲然劇孟母死自遠方送喪蓋千乘及劇孟死家無餘十金之財而符離人王孟亦以俠稱江淮之間是時濟南瞯氏索隱曰瞯音閑案為郅都所誅陳周庸索隱曰陳國人姓周名庸亦以豪聞景帝聞之使使盡誅此屬其後代諸白梁韓無辟陽翟薛況陝韓孺紛紛復出焉徐廣曰陝疑當作郟字潁川有郟縣南越傳曰郟壯士韓千秋也○索隱曰代代郡人有白氏豪俠非一故言諸梁梁國人韓姓無辟名辟音避陝當為郟陝音如冉反郟音紀洽反漢書作寒孺

郭解軹人也索隱曰漢書云河內軹人也字翁伯善相人者許負外孫也解父以任俠孝文時誅死解為人短小精悍不飲酒少時陰賊索隱曰以內心忍害慨不快意身所殺甚眾以軀借交報仇藏命作姦索隱曰案謂亡命也剽攻不休及鑄錢掘冢固不可勝數適有天幸窘急常得脫若遇赦及解年長更折節為儉以德報怨厚施而薄望然其自喜為俠益甚索隱曰蘇林云言性喜為俠也既已振人之命不矜其功其陰賊著於心卒發於睚眦如故云而少年慕其行亦輒為

報仇不使知也解姊子負解之勢索隱曰負恃也與人飲使之嚼徐廣曰音子妙反盡酒也非其任彊必灌之人怒拔刀刺殺解姊子亡去解姊怒曰以翁伯之義人殺吾子賊不得棄其尸於道弗葬欲以辱解解使人微知賊處賊窘自歸具以實告解解曰公殺之固當吾兒不直遂去其賊徐廣曰遣使去罪其姊子乃收而葬之諸公聞之皆多解之義益附焉解出入人皆避之有一人獨箕倨視之解遣人問其名姓客欲殺之解曰居邑屋至不見敬是吾德不脩也彼何罪乃陰屬尉史曰是人吾所急

也索隱曰案謂吾心中所急言情切急也漢書作重至踐更時脫之每至踐更數過吏弗求如淳曰更有三品有卒更有踐更有過更古有正卒無常人皆當迭爲之一月一更是爲卒更也貧者欲得顧更錢者次直者出錢顧之月二千是爲踐更也律說卒更踐更者居縣中五月乃更也後從尉律卒踐更一月休十一月也○索隱曰數音朔數頻也謂頻免之也又音色主反怪之問其故乃解使脫之箕倨者乃肉袒謝罪少年聞之愈益慕解之行雒陽人有相仇者邑中賢豪居閒者以十數索隱曰色具反終不聽客乃見郭解解夜見仇家仇家曲聽解索隱曰謂屈曲聽解也解乃謂仇家曰吾聞雒陽諸公在此閒多不聽者今子幸而聽解解奈何乃從他縣奪人邑中賢大夫權乎

乃夜去不使人知曰且無用待我待我去令雒陽豪居其間（索隱曰漢書作無庸蘇林曰且無便用吾言待我去令洛陽豪居其間也）乃聽之解執恭敬不敢乘車入其縣廷之旁郡國爲人請求事事可出出之不可者各厭其意然後乃敢嘗酒食諸公以故嚴重之爭爲用邑中少年及旁近縣賢豪夜半過門常十餘車請得解客舍養之（索隱曰如淳云解多藏亡命者故喜事年少與解同志者知亡命者多歸解故多持車來欲爲解迎亡者而藏之）及徙豪富茂陵也解家貧不中訾（索隱曰案訾不滿三百萬已上爲不中）吏恐不敢不徙衛將軍爲言郭解家貧不中徙上曰布衣權至使將軍爲言此其家不貧解家遂徙諸公送者出千餘萬軹人楊季主子爲縣掾舉徙解解兄子斷楊掾頭由此楊氏與郭氏爲仇解入關關中賢豪知與不知聞其聲爭交驩解解爲人短小不飲酒出未甞有騎已又殺楊季主楊季主家上書人又殺之闕下上聞乃下吏捕解解亡置其母家室夏陽（徐廣曰屬馮翊○正義曰故城在同州韓城縣南二十里漢夏陽也）身至臨晉（正義曰故城在同州馮翊縣西南二里）臨晉籍少公素不知解解冒因求出關籍少公已出解解轉入太原所過輙告主人家吏逐之跡至籍少公少公自殺口絶

久之乃得解窮治所犯爲解所殺皆在赦前軹有儒生侍使者坐客譽郭解生曰郭解專以姦犯公法何謂賢解客聞殺此生斷其舌吏以此責解解實不知殺者殺者亦竟絶莫知爲誰吏奏解無罪御史大夫公孫弘議曰解布衣爲任俠行權以睚眦殺人解雖弗知此罪甚於解殺之當大逆無道遂族郭解翁伯自是之後爲俠者極衆敖而無足數者（徐廣曰敖倨也）然關中長安樊仲子槐里趙王孫長陵高公子西河郭公仲太原鹵公孺（徐廣曰鴈門有鹵城也。索隱曰漢書作曾公孺曾姓也與徐廣之說不同）臨淮

兒長卿東陽田君孺（索隱曰漢書作陳君孺然陳田聲相近亦本同姓也。正義曰其東陽蓋貝州歷亭縣者爲近齊故也）雖爲俠而逡逡有退讓君子之風至若北道姚氏（索隱曰蘇林云道猶方也如淳云京師四出道也）西道諸杜南道仇景東道趙他羽公子（索隱曰舊解以趙他與公子爲人今案此姓趙名他羽字公子也）南陽趙調之徒此盜跖居民閒者耳曷足道哉此乃鄉者朱家之羞也

太史公曰吾視郭解狀貌不及中人言語不足採者然天下無賢與不肖知與不知皆慕其聲言俠者皆引以爲名諺曰人貌榮名豈有既乎（徐廣曰人以顏狀爲貌者則貌有衰落矣唯用榮名爲飾表則稱譽無極也既盡也）於戲惜哉

索隱述贊曰游俠豪倨籍籍有聲權行州里力折公卿朱家脫季劇孟定傾急人之難免讎於更偉哉翁伯人貌榮名

游俠列傳第六十四　史記一百二十四

續修安岳縣志卷六十四　安岳一百二十四

[illegible]

[illegible]

[illegible]

佞幸列傳第六十五　史記一百二十五

諺曰力田不如逢年善仕不如遇合徐廣曰遇一作偶固無虛言非獨女以色媚而士宦亦有之昔以色幸者多矣至漢興高祖至暴抗也索隱曰抗音苦浪反言暴猛抗直也然籍孺以佞幸孝惠時有閎孺正義曰籍閎皆名也孺幼小也此兩人非有材能徒以婉佞貴幸與上臥起公卿皆因關說索隱曰關通也謂公卿因之而通其詞說劉氏云有所言說皆關由之故孝惠時郎侍中皆冠鵕鸃貝帶漢書音義曰鵕鸃鳥名以毛羽飾冠以貝飾帶○索隱曰許慎云鵕鸃鷩鳥也淮南子云趙武靈王服貝鵕鸃漢官儀云秦破趙以其冠賜侍中三蒼云鵕鸃神鳥也飛光映天者也傅脂粉索隱曰傅音付化閎籍之屬也兩人

徙家安陵正義曰惠帝陵邑孝文時中寵臣士人則鄧通宦者則趙同索隱曰案漢書作趙談此云同者避太史公父名也北宮伯子正義曰顏云姓北宮名伯子也按百子名北宮之官者也北宮伯子以愛人長者而趙同以星氣幸常為文帝參乘鄧通無伎能鄧通蜀郡南安人也徐廣曰後屬犍為以濯船為黃頭郎徐廣曰著黃帽也駰案漢書音義曰善濯船池中也一說能持濯行船也土水之母故施黃旄於船頭因以名其郎曰黃頭郎○索隱曰濯音棹遲教反孝文帝夢欲上天不能有一黃頭郎從後推之上天顧見其衣裻徐廣曰一無此字○索隱曰裻音篤裻衫襦之橫者帶後穿覺而之漸臺索隱曰覺音教○正義曰括地志云漸臺在長安故城中關中記云未央宮西有蒼池池中有漸臺王莽死於此臺以夢中陰自求

推者郎即見鄧通其衣後穿夢中所見也召問其名姓姓鄧氏名通文帝說焉索隱曰漢書云上曰鄧猶登也悅之尊幸之日異通亦愿謹不好外交雖賜洗沐不欲出於是文帝賞賜通巨萬以十數正義曰言賜通巨萬以至於十也官至上大夫文帝時時如鄧通家遊戲然鄧通無他能不能有所薦士獨自謹其身以媚上而已上使善相者相通曰當貧餓死文帝曰能富通者在我也何謂貧乎於是賜鄧通蜀嚴道銅山正義曰括地志云雅州滎經縣北三里有銅山即鄧通得賜銅山鑄錢者邑滎經即嚴道得自鑄錢鄧氏錢正義曰錢譜云文字稱兩同漢四銖文布天下其富如

此文帝嘗病癰鄧通常爲帝唶吮之索隱曰唶音任格反吮音仕兖反文帝不樂從容問通曰天下誰最愛我者乎通曰宜莫如太子太子入問病文帝使唶癰唶癰而色難之已而聞鄧通常爲帝唶吮之心慙由此怨通矣及文帝崩景帝立鄧通免家居居無何人有告鄧通盜出徼外鑄錢下吏驗問頗有之遂竟案盡沒入鄧通家尚負責數巨萬長公主賜鄧通韋昭曰景帝姊也。索隱曰案即館陶公主也吏輒隨沒入之索隱曰謂長公主別有物吏輒沒入以充贓也一簪不得著身於是長公主乃令假衣食索隱曰謂公主令人假與衣食竟不得名一

錢索隱曰始天下名鄧氏錢今皆沒入卒竟無一錢名之也寄死人家孝景帝時中無寵臣然獨郎中令周文仁索隱曰案漢書編周仁此上稱周文今兼文仁恐後人加耳案仁字文仁寵最過庸不乃甚篤索隱曰案庸常也言仁最被恩寵過於常人乃不甚篤如韓嫣也今天子中寵臣士人則韓王孫嫣索隱曰音偃又音於建反官者則李延年

嫣者弓高侯孽孫也徐廣曰韓王信之子穨當也今上爲膠東王時嫣與上學書相愛及上爲太子愈益親嫣嫣善騎射善佞上即位欲事伐匈奴而嫣先習胡兵以故益尊貴官至上大夫賞賜擬於鄧通時嫣常與上臥起江都王入朝有詔得從入

獵上林中天子車駕蹕道未行而先使嫣乘副車從數十百騎騖馳視獸江都王望見以爲天子辟從者伏謁道傍嫣驅不見既過江都王怒爲皇太后泣曰請得歸國入宿衛比韓嫣索隱曰謂還遝爵封於天子而請入宿衛太后由此嗛嫣徐廣曰嗛讀與銜同漢書作銜字嫣侍上出入永巷不禁以姦聞皇太后皇太后怒使使賜嫣死上爲謝終不能得嫣遂死而案道侯韓說其弟也亦佞幸索隱曰說音悅

李延年中山人也父母及身兄弟及女皆故倡也延年坐法腐給事狗中徐廣曰主獵犬也索隱曰或犬監而平

[illegible]

陽公主言延年女弟善舞上見心說之及入永巷而召貴延年延年善歌爲變新聲而上方興天地祠欲造樂詩歌弦之延年善承意弦次初詩（索隱曰初詩即新造樂章）其女弟亦幸有子男延年佩二千石印號協聲律與上卧起甚貴幸埒如韓嫣也（徐廣曰埒等也蜀都賦曰卓鄭埒名又云埒者疇等之名）久之寖與中人亂（徐廣曰一云坐弟季與中人亂）出入驕恣及其女弟李夫人卒後愛弛則禽誅延年昆弟也自是之後內寵嬖臣大底外戚之家然不足數也衛青霍去病亦以外戚貴幸然頗用材能自進

太史公曰甚哉愛憎之時彌子瑕之行足以觀後人佞幸矣雖百世可知也（索隱曰彌子瑕衛靈公之臣事見說苑也）

索隱述贊曰傳稱令色詩刺巧言冠鵔入侍傅粉承恩黃頭賜蜀官者同軒新聲都尉挾彈王孫泣魚竊駕著自前論

佞幸列傳第六十五　史記一百二十五

滑稽列傳第六十六　　史記百二十六

索隱曰滑謂亂也稽同也以言辯捷之人言非若是說是若非能亂同異也楚詞云將突梯滑稽如脂如韋崔浩云滑音骨稽流酒器也轉注吐酒終日不已言出口成章詞不窮竭若滑稽之吐酒故楊雄酒賦云鴟夷滑稽腹大如壺盡日盛酒人復籍沽是也又姚察云滑稽猶俳諧也滑讀如字稽音計也以言諧語滑利其知計疾出故云滑稽也

孔子曰六藝於治一也正義曰言六藝之文雖異禮節樂和導民立政天下平定其歸一揆至於談言微中亦以解其紛亂故治一也禮以節人樂以發和書以道事詩以達意易以神化春秋以義太史公曰天道恢恢豈不大哉談言微中亦可以解紛

淳于髡者齊之贅壻也索隱曰髡音苦魂反贅壻女之夫也比於子如人疣贅是餘剩之物也長不滿七尺滑稽多辯數使諸侯未嘗屈辱齊威王之時喜隱索隱曰喜音許既反喜好也喜隱謂好隱語好為淫樂長夜之飲沈湎不治委政卿大夫百官荒亂諸侯並侵國且危亡在於旦暮左右莫敢諫淳于髡說之以隱曰國中有大鳥止王之庭三年不蜚又不鳴王知此鳥何也王曰此鳥不飛則已一飛沖天不鳴則已一鳴驚人於是乃朝諸縣令長七十二人賞一人誅一人奮兵而出諸侯振驚皆還齊侵地威行三十六年語在

田完世家中威王八年楚大發兵加齊齊王使淳于髡之趙請救兵齎金百斤車馬十駟淳于髡仰天大笑冠纓索絶索隱曰案索訓盡言冠纓盡絶也孔衍春秋後語亦作冠纓盡絶也王曰先生少之乎髡曰何敢王曰笑豈有說乎髡曰今者臣從東方來見道傍有禳田者索隱曰案謂為田求福禳操一豚蹄酒一盂而祝曰甌窶滿篝徐廣曰篝籠也○索隱曰案甌窶猶杯樓也窶音如婁古字少耳言豐年收掇易可滿篝籠也○正義曰窶音樓篝音溝籠也甌樓謂高地狹小之區得滿篝籠也汙邪滿車司馬彪曰汙邪下地田也○索隱曰即下田之中有薪可滿車○正義曰汙音烏五穀蕃熟穰穰滿家臣見其所持者狹而所欲者奢故笑之於是齊威王乃益齎黃金千鎰白璧十雙車馬百駟髡辭而行至趙趙王與之精兵十萬革車千乘楚聞之夜引兵而去威王大說置酒後宮召髡賜之酒問曰先生能飲幾何而醉對曰臣飲一斗亦醉一石亦醉威王曰先生飲一斗而醉惡能飲一石哉其說可得聞乎髡曰賜酒大王之前執法在傍御史在後髡恐懼俯伏而飲不過一斗徑醉矣若親有嚴客髡帣韝鞠䐡徐廣曰帣收衣褏也褏衿也韝臂捍也音溝鞠曲也䐡音其紀反又與跽同謂小跪也○索隱曰帣音卷紀免反謂收袖也侍酒於前時賜餘瀝奉觴上壽數起飲不過二斗徑醉矣若

朋友交遊久不相見卒然相覩歡然道故私情相語飲可五六斗徑醉矣若乃州閭之會男女雜坐行酒稽留六博投壺相引為曹握手無罰目眙不禁徐廣曰眙吐甑反直視貌。索隱曰眙音與瞪同謂直視也丑甑反音丑二反前有墮珥後有遺簪髡竊樂此飲可八斗而醉二參索隱曰案上云五六斗徑醉矣則此為樂亦甚飲可八斗而未徑醉故云竊樂二參言十有二參醉也日暮酒闌合尊促坐男女同席履舄交錯杯盤狼藉堂上燭滅主人留髡而送客徐廣曰一本云留髡坐起送客羅襦襟解微聞薌澤當此之時髡心最歡能飲一石故曰酒極則亂樂極則悲萬事盡然言不可極極之而衰以諷諫焉齊王曰善乃罷長夜之飲以髡為諸侯主客正義曰今鴻臚卿也宗室置酒髡嘗在側其後百餘年楚有優孟

優孟者故楚之樂人也索隱曰優者倡優也孟者字也優旃亦同旃其字耳優孟在楚旃在秦也長八尺多辯常以談笑諷諫楚莊王之時有所愛馬衣以文繡置之華屋之下席以露床啗以棗脯馬病肥死使羣臣喪之欲以棺槨大夫禮葬之左右爭之以為不可王下令曰有敢以馬諫者罪至死優孟聞之入殿門仰天大哭王驚而問其故優孟曰馬者王之所愛也以楚

國堂堂之大何求不得而以大夫禮葬之薄請以人君禮葬之王曰何如對曰臣請以彫玉爲棺文梓爲槨楩楓豫章爲題湊（蘇林曰以木累棺外木頭皆內向故曰題湊○正義曰楩頻緜反）發甲卒爲穿壙老弱負土齊趙陪位於前韓魏翼衛其後（楚莊王時未有趙韓魏三国索隱曰案此辯說者之詞後人所增飾之矣）廟食太牢奉以萬戶之邑諸侯聞之皆知大王賤人而貴馬也王曰寡人之過一至此乎爲之奈何優孟曰請爲大王六畜葬之以壠竈爲槨（索隱曰皇覽亦說此事以壠竈爲龍窖突也）銅歷爲棺（索隱曰歷即釜鬲也）齎以薑棗（索隱曰古者食肉用薑棗禮內則云實棗於其腹中屑桂與薑以洒諸上而鹽之也）薦以木蘭祭以糧稻衣以火光葬之於人腹腸（索隱曰皇覽云火迭之著端葬之腸中）於是王乃使以馬屬太官無令天下久聞也楚相孫叔敖知其賢人也善待之病且死屬其子曰我死汝必貧困若往見優孟言我孫叔敖之子也居數年其子窮困負薪逢優孟與言曰我孫叔敖之子也父且死時屬我貧困往見優孟優孟曰若無遠有所之（索隱曰案謂優孟語孫叔敖之子曰汝無遠有所之適他境恐王後求汝不得者也）即爲孫叔敖衣冠抵掌談語（戰國策曰蘇秦說趙王華屋之下抵掌而言張載曰談說之容則也）歲餘像孫叔敖楚王左右不能別也莊王置酒優孟前爲壽

莊王大驚以爲孫叔敖復生也欲以爲相優孟曰請歸與婦計之三日而爲相莊王許之三日後優孟復來王曰婦言謂何孟曰婦言愼無爲楚相不足爲也如孫叔敖之爲楚相盡忠爲廉以治楚楚王得以霸今死其子無立錐之地貧困負薪以自飲食必如孫叔敖不如自殺因歌曰山居耕田苦難以得食起而爲吏身貪鄙者餘財不顧恥辱身死家室富又恐受賕枉法爲姦觸大罪身死而家滅貪吏安可爲也念爲廉吏奉法守職竟死不敢爲非廉吏安可爲也

楚相孫叔敖持廉至死方今妻子窮困負薪而食不足爲也於是莊王謝優孟乃召孫叔敖子封之寢丘徐廣曰在固始。正義曰今光州固始縣本寢丘邑也呂氏春秋云楚孫叔敖有功於國疾將死戒其子曰王數欲封我我辭不受我死必封汝汝無受利地荊楚閒有寢丘者其爲地不利而前有妬谷後有戾丘其名惡可長有也其子從之楚功臣封二世而收唯寢丘不奪也四百戶以奉其祀後十世不絕此知可以言時矣其後二百餘年秦有優旃

優旃者秦倡朱儒也善爲笑言然合於大道秦始皇時置酒而天雨陛楯者皆沾寒優旃見而哀之謂之曰汝欲休乎陛楯者皆曰幸甚優旃

曰我即呼汝汝疾應曰諾居有頃殿上上壽呼萬歲優旃臨檻正義曰御覽反大呼曰陛楯郎郎曰諾優旃曰汝雖長何益幸雨立我雖短也幸休居於是始皇使陛楯者得半相代始皇嘗議欲大苑囿東至函谷關西至雍陳倉正義曰今岐州雍縣及陳倉縣也優旃曰善多縱禽獸於其中寇從東方來令麋鹿觸之足矣始皇以故輟止二世立又欲漆其城優旃曰善主上雖無言臣固將請之漆城雖於百姓愁費然佳哉漆城蕩蕩寇來不能上即欲就之易爲漆耳顧難爲蔭室於是二世笑之

以其故止居無何二世殺死優旃歸漢數年而卒

太史公曰淳于髡仰天大笑齊威王橫行優孟搖頭而歌負薪者以封優旃臨檻疾呼陛楯得以半更豈不亦偉哉

褚先生曰臣幸得以經術爲郎而好讀外家傳語竊不遜讓復作故事滑稽之語六章編之於左可以覽觀揚意以示後世好事者讀之以游心駭耳以附益上方太史公之三章武帝時有所幸倡郭舍人者發言陳辭雖不合大道然令人主和說武帝少時東武侯母索隱曰案東武縣名侯乳母姓也

常養帝正義曰高祖功臣表云東武侯郭家高祖六年封子他孝景六年棄市國除蓋他母常養武帝
帝壯時號之曰大乳母率一月再朝朝奏入有
詔使幸臣馬游卿以帛五十匹賜乳母又奉飲
糒飧養乳母乳母上書曰某所有公田願得假
倩之帝曰乳母欲得之乎以賜乳母乳母所言
未嘗不聽有詔得令乳母乘車行馳道中當此
之時公卿大臣皆敬重乳母乳母家子孫奴從
者橫暴長安中當道掣頓人車馬奪人衣服聞
於中不忍致之法有司請徙乳母家室處之於
邊奏可乳母當入至前面見辭乳母先見郭舍

人爲下泣舍人曰即入見辭去疾步數還顧乳母
如其言謝去疾步數還顧郭舍人疾言罵之曰
咄老女子何不疾行陛下已壯矣寧尚須汝乳
而活邪尚何還顧於是人主憐焉悲之乃下詔
止無徙乳母罰譖之者索隱曰謂武帝罰讁譖乳母之人也
武帝時齊人有東方生名朔索隱曰仲長統云遷爲滑稽傳敘優旃事不稱東方朔非也朔之行事豈直旃孟之比哉而桓譚亦以遷內爲是又非也。正義曰漢書云平原厭次人也輿地志云厭次宜是富平縣之鄉聚名也括地志云富平故城在倉州陽信縣東南四十里漢縣也以好古傳
書愛經術多所博觀外家之語索隱曰案東方朔亦多博觀外家之語則外家非止經史卽傳記雜說之書
朔初入長安至公車上書正義曰百

官表云衛尉屬官有公車司馬漢儀注云公車司馬掌殿司馬門夜徼宮天下上事及闕下凡所徵召皆摠領之秩六百石凡用三千奏牘公車令兩人共持舉其書僅然能勝之人主從上方讀之止輒乙其處讀之二月乃盡詔拜以爲郎常在側侍中數召至前談語人主未甞不說也時詔賜之食於前飯已盡懷其餘肉持去衣盡汙數賜縑帛檐揭而去徙用所賜錢帛取少婦於長安中好女率取婦一歲所者即棄去更取婦所賜錢財盡索之於女子人主左右諸郎半呼之狂人人主聞之曰令朔在事無爲是行者若等安能及之哉朔

任其子爲郎又爲侍謁者常持節出使朔行殿中郎謂之曰人皆以先生爲狂朔曰如朔等所謂避世於朝廷閒者也古之人乃避世於深山中時坐席中酒酣據地歌曰陸沈於俗索隱曰司馬彪云謂無水而沈之避世金馬門宮殿中可以避世全身何必深山之中蒿廬之下金馬門者宦署門也門傍有銅馬故謂之曰金馬門時會聚宮下博士諸先生與論議共難之索隱曰案謂朔設詞對之即下文荅客難是也曰蘇秦張儀一當萬乘之主而都卿相之位澤及後世今子大夫修先王之術慕聖人之義諷誦詩

書百家之言不可勝數著於竹帛自以爲海內無雙即可謂博聞辯智矣然悉力盡忠以事聖帝曠日持久積數十年官不過侍郎位不過執戟意者尚有遺行邪其故何也東方生曰是固非子之所能備也彼一時也此一時也豈可同哉夫張儀蘇秦之時周室大壞諸侯不朝力政爭權相禽以兵并爲十二國未有雌雄得士者彊失士者亡故說聽行通身處尊位澤及後世子孫長榮今非然也聖帝在上德流天下諸侯賓服威振四夷連四海之外以爲席安於覆盂天下平均合爲一家動發舉事猶如運之掌中賢與不肖何以異哉方今以天下之大士民之衆竭精馳說並進輻湊者不可勝數悉力慕義困於衣食或失門戶使張儀蘇秦與僕並生於今之世曾不能得掌故安敢望常侍侍郎乎傳曰天下無害菑雖有聖人無所施其才上下和同雖有賢者無所立功故曰時異則事異雖然安可以不務修身乎詩曰鼓鍾于宮聲聞于外鶴鳴九皐聲聞于天苟能修身何患不榮太公躬行仁義七十二年逢文王得行其說封於齊七百歲而

不絕此士之所以日夜孜孜修學行道不敢止也今世之處士時雖不用崛然獨立塊然獨處上觀許由下察接輿策同范蠡忠合子胥天下和平與義相扶寡偶少徒固其常也子何疑於余哉於是諸先生默然無以應也建章宮正義曰在長安縣西北二十里長安故城中後閣重櫟中有物出焉索隱曰重音逐龍反櫟音歷重櫟欄楯之下有重欄處也其狀似麋以聞武帝往臨視之問左右羣臣習事通經術者莫能知詔東方朔視之朔曰臣知之願賜美酒粱飯大飱臣臣乃言詔曰可已飱又曰某所有公田魚池蒲葦數頃

陛下以賜臣臣朔乃言詔曰可於是朔乃肯言曰所謂騶牙者也索隱曰騶音鄒此朔以意自立名而偶中也以有九牙齊等故謂之騶牙猶騶騎然也遠方當來歸義而騶牙先見其齒前後若一齊等無牙故謂之騶牙其後一歲所匈奴混邪王果將十萬衆來降漢乃復賜東方生錢財甚多至老朔且死時諫曰詩云營營青蠅止于蕃愷悌君子無信讒言讒言罔極交亂四國願陛下遠巧佞退讒言帝曰今顧東方朔多善言怪之居無幾何朔果病死傳曰鳥之將死其鳴也哀人之將死其言也善此之謂也

武帝時大將軍衛青者衛后兄也（徐廣曰衛青傳曰子夫之弟也）封爲長平侯從軍擊匈奴至余吾水上而還斬首捕虜有功來歸詔賜金千斤將軍出宮門齊人東郭先生以方士待詔公車當道遮衛將軍車拜謁曰願白事（徐廣曰衛青傳云甯乘說青而拜爲東海都尉）將軍止車前東郭先生旁車言曰王夫人新得幸於上家貧今將軍得金千斤誠以其半賜王夫人之親人主聞之必喜此所謂奇策便計也衛將軍謝之曰先生幸告之以便計請奉教於是衛將軍乃以五百金爲王夫人之親壽王夫人以聞武帝帝曰大將軍不知爲此問之安所受計策對曰受之待詔者東郭先生詔召東郭先生拜以爲郡都尉東郭先生久待詔公車貧困飢寒衣敝履不完行雪中履有上無下足盡踐地道中人笑之東郭先生應之曰誰能履行雪中令人視之其上履也其履下處乃似人足者乎及其拜爲二千石佩青緺（徐廣曰音瓜一音螺青綬）出宮門行謝主人故所以同官待詔者等比祖道於都門外榮華道路立名當世（徐廣曰東郭先生也）此所謂衣褐懷寶者也（索隱曰此指東郭先生也其言身衣褐而懷寶玉也）當其貧困時人

莫省視至其貴也乃爭附之諺曰相馬失之瘦相士失之貧其此之謂邪王夫人病甚人主至自往問之曰子當爲王欲安所置之對曰願居洛陽人主曰不可洛陽有武庫敖倉當關口天下咽喉自先帝以來傳不爲置王然關東國莫大於齊可以爲齊王王夫人以手擊頭呼幸甚王夫人死號曰齊王太后薨昔者齊王使淳于髡獻鵠於楚（索隱曰案韓詩外傳齊使人獻鵠於楚不言髡又說苑云魏文侯使舍人無擇獻鵠於齊皆略同而事異殆相涉亂也）出邑門道飛其鵠徒揭空籠造詐成辭往見楚王曰齊王使臣來獻鵠過於水上不忍鵠之渴出而飲之去我飛亡吾欲刺腹絞頸而死恐人之議吾王以鳥獸之故令士自傷殺也鵠毛物多相類者吾欲買而代之是不信而欺吾王也欲赴佗國奔亡痛吾兩主使不通故來服過叩頭受罪大王楚王曰善齊王有信士若此哉厚賜之財倍鵠在也

武帝時徵北海太守詣行在所（索隱曰漢書宣帝徵勃海太守龔遂非武帝時此褚先生記謬耳）有文學卒史王先生者自請與太守俱吾有益於君君許之諸府掾功曹白云王先生嗜酒多言少實恐不可與俱太守曰先生意

欲行不可逆遂與俱行至宮下待詔宮府門王先生徒懷錢沽酒與衛卒僕射飲日醉不視其太守太守入跪拜王先生謂户郎曰幸爲我呼吾君至門内遥語户郎爲呼太守太守來望見王先生王先生曰天子即問君何以治北海（正義曰今青州）令無盜賊君對曰何哉對曰選擇賢材各任之以其能賞異等罰不肖王先生曰對如是是自譽自伐功不可也願君對言非臣之力盡陛下神靈威武所變化也太守曰諾召入至于殿下有詔問之曰何以治北海令盜賊不起叩

頭對言非臣之力盡陛下神靈威武之所變化也武帝大笑曰於呼安得長者之語而稱之安所受之對曰受之文學卒史帝曰今安在對曰在宮府門外有詔召拜王先生爲水衡丞以北海太守爲水衡都尉傳曰美言可以市尊行可以加人君子相送以言小人相送以財

魏文侯時西門豹爲鄴令（正義曰今相州縣也）豹往到鄴會長老問之民所疾苦長老曰苦爲河伯娶婦（正義曰河伯華陽潼鄉人姓馮氏名夷浴於河中而溺死遂爲河伯娶婦也）以故貧豹問其故對曰鄴三老廷掾常歲賦斂百姓收取其

[illegible]

錢得數百萬用其二三十萬爲河伯娶婦與祝巫共分其餘錢持歸當其時巫行視人家女好者云是當爲河伯婦即娉取洗沐之爲治新繒綺縠衣閒居齋戒爲治齋宮河上張緹絳帷正義曰緹他礼反顧野王云黄赤色也又音啼厚繒也女居其中爲具牛酒飯食行十餘日共粉飾之如嫁女床席令女居其上浮之河中始浮行數十里乃沒其人家有好女者恐大巫祝爲河伯取之以故多持女遠逃亡以故城中益空無人又困貧所從來久遠矣民人俗語曰即不爲河伯娶婦水來漂沒溺其人民

云西門豹曰至爲河伯娶婦時願三老正義曰亭三老巫祝父老送女河上幸來告語之吾亦往送女皆曰諾至其時西門豹往會之河上三老官屬豪長者里父老皆會以人民往觀之者三二千人其巫老女子也已年七十從弟子女十人所皆衣繒單衣立大巫後西門豹曰呼河伯婦來視其好醜即將女出帷中來至前豹視之顧謂三老巫祝父老曰是女子不好煩大巫嫗爲入報河伯得更求好女後日送之即使吏卒共抱大巫嫗投之河中有頃曰巫嫗何久也弟子趣之復

以弟子一人投河中有頃曰弟子何久也復使一人趣之復投一弟子河中凡投三弟子西門豹曰巫嫗弟子是女子也不能白事煩三老爲入白之復投三老河中西門豹簪筆磬折正義曰簪筆謂以毛裝簪頭長五寸插在冠前謂之爲筆言插筆備禮也磬折謂曲體揖之若石磬之形曲折也磬一片黑石凡十二片樹在虡上擊之其形皆中曲垂兩頭言人要背則似也嚮河立待良久長老吏傍觀者皆驚恐西門豹顧曰巫嫗三老不來還奈之何欲復使廷掾與豪長者一人入趣之皆叩頭叩頭且破額血流地色如死灰西門豹曰諾且留待之須臾須臾豹曰廷掾起矣狀河伯留客之久若皆罷去歸矣鄴吏民大驚恐從是以後不敢復言爲河伯娶婦西門豹即發民鑿十二渠引河水灌民田正義曰括地志云按橫渠首接漳水蓋西門豹史起所鑿之渠也溝洫志云魏文侯時西門豹爲鄴令有令名至文侯曾孫襄王與羣臣飲祝曰令吾爲臣皆非西門豹之爲人臣也史起進曰魏氏之行田也以百畝鄴獨二百畝是田惡也漳水在其傍西門不知用是不智知而不與是不仁仁智豹未之盡何足法也於是史起爲鄴令遂引漳水溉鄴以富漳魏之河名左思魏賦云西門溉其前史起灌其後也田皆溉當其時民治渠少煩苦不欲也豹曰民可以樂成不可與慮始今父老子弟雖患苦我然百歲後期令父老子孫思我言至今皆得水利民人以給足富十二渠經絕馳道到

漢之立而長吏以爲十二渠橋絕馳道相比近不可欲合渠水且至馳道合三渠爲一橋鄴民人父老不肯聽長吏以爲西門君所爲也賢君之法式不可更也長吏終聽置之故西門豹爲鄴令名聞天下澤流後世無絕已時幾可謂非賢大夫哉傳曰子産治鄭民不能欺子賤治單父民不忍欺西門豹治鄴民不敢欺三子之才能誰最賢哉辯治者當能別之魏文帝問羣臣三不欺於君德孰優太尉鍾繇司徒華歆司空王朗對曰臣以爲君任德則臣感義而不忍欺君任察則臣畏覺而不能欺君任刑則臣畏罪而不敢欺任德感義與夫導德齊礼有耻且格等趨者也任察畏罪與夫道政齊刑免而無耻同歸者也孔子曰爲政以德譬如北辰居其所而衆星共之考以斯言論以斯義臣等以爲不忍欺不能欺優劣之縣在於權衡非徒低卬之差乃鈞銖之覺也且前志稱仁者安仁智者利仁畏罪者強仁校其仁者功則無以殊核其爲仁者則不得不異安仁者性善者也利仁者力行者也強仁者不得已者也三仁相比則安仁優矣易稱神而化之使民宜之若君化使民然也然則安仁之化與夫強仁之化優劣亦不得不相縣絕也然則三臣之不欺雖同所以不欺異矣則純以恩義崇不欺與以威察成不欺既不可同概而比量又不得錯綜而易厠。索隱曰案此三不欺自古傳記先達共所稱述今褚先生因記西門豹而稱之以成說也循吏傳記子産相鄭仁而且明故人不能欺之子賤爲政清靜唯彈琴三年不下堂而化是人見斯故不忍欺之豹以威化御俗故人不敢欺之其德優劣鍾華之評實爲允當也

索隱述贊曰滑稽鴟夷如脂如韋敏捷之變學不失詞淳于索絕趙國興師楚優拒相寢

丘攫祠偉哉方朔三章紀之

滑稽列傳第六十六　史記一百二十六

史略校注卷六十六

十七

續資治通鑑卷六十六　史略　一百三十六

古藏國羅斯盜船二萬二千人